내 보험 **100%** 활용하기

펴낸날 2015년 3월 16일
12쇄 펴낸날 2015년 10월 15일

지은이 김승환·정영조
감수 손해사정사 손명은
펴낸이 주계수 | **편집책임** 윤정현 | **꾸민이** 오문선 | **삽화** 조성일

펴낸곳 밥북 | **출판등록** 제 2014-000085 호
주소 서울시 마포구 월드컵북로 1길 30 동보빌딩 301호
전화 02-6925-0370 | **팩스** 02-6925-0380
홈페이지 www.bobbook.co.kr | **이메일** bobbook@hanmail.net

© 김승환·정영조, 2015.
ISBN 979-11-85913-46-9 (03320)

※ 이 도서의 국립중앙도서관 출판시도서목록(CIP)은 e-CIP 홈페이지(http://www.nl.go.kr/cip)에서 이용하실 수 있습니다. (CIP2015007312)

※ 이 책은 저작권법에 따라 보호받는 저작물이므로 무단전재와 복제를 금합니다.
※ 책값은 표지 뒷면에 표기되어 있습니다.

알면 돈이 되는
보험금 생활백서

내 보험 100% 활용하기

감수
손명은
손해사정사

김승환
정영조
지음

보험금! 무엇이든 물어보세요!

들어가는 말

　우리는 다양한 환경에서 다양한 사람들이 모여서 살고 있다. 그래서 수많은 일들이 발생되며 그 일을 해결하려 협력하고 조율하며 때로는 반목하기도 하고 조화롭게 어울려 살아가고 있다.

　보험사고는 사회 안에서 발생하는 수많은 일들 중 하나이다. 발생한 보험사고로 지급받게 되는 보험금은 고객과 보험회사의 계약에 의해서 정해놓은 보험사고 발생 시 보험금을 지급하기로 한 약속의 대가로 고객은 보험회사에 보험료를 납부하여야 한다는 낙성계약에 기초한다.

　그래서 이렇게 고객이 보장의 대가로 보험료를 납부하기로 하고 그것을 보험사가 승낙한 경우 고객과 보험사는 각자가 계약에서 서로 약속한 의무와 권리를 상대방에게 선의방식으로 지켜야 하는 책임이 있다.

　이 책임은 고객과 보험회사 모두가 잘 지킨다면 문제 될 것이 없지만 만약에 어느 한 당사자가 고의나 무지에 의하거나 아니면 어떠한 이유로 당연히 지켜야 할 의무를 회피한다면 어떻게 될까?

　그 책임 회피가 상대방에게 손해를 입히게 되는 결과를 낳게 되거나 상대방이 손해가 발생된 것 자체를 아예 모르게 악의적으로 책임을 회피한다면 커다란 문제가 될 것이고 법적인 다툼까지도 발생하게 될 것이다.

　계약에 의하여 발생하게 된 권리와 의무이지만 그 내용을 정확히 알고 있으면 스스로가 각자의 권리를 보호받을 수 있다.

　특히 상대적으로 약자인 고객을 보호하기 위하여 약관, 보험업법이나 상법 등에서 고객을 보호하는 장치가 있지만 그것으로는 고객을 완벽하게 보호하지 못한다. 그래서 고객 스스로가 자신의 권리를 보호해야 한다.

이러한 우리나라의 보험 환경 속에서 자기 자신을 지키려면 어떻게 해야 할까?

정말 힘들게 번 돈으로 꼭 필요할 때 보장 받기 위해서 가입한 보험이 꼭 필요할 때 도움이 안 된다면, 그것이 내가 몰라서 보상받지 못하면 우리는 우리의 권리를 지키기 위하여 어떻게 해야 할까?

독일 법학자 루돌프 폰 예링은 "권리 위에 잠자는 자는 보호받지 못 한다"고 했다.

보험을 계약한 보험 고객이 스스로의 권리를 지키기 위하여 고객의 입장에서 지켜야 할 의무와 보험 사고 발생 시 꼭 숙지하고 있어야 할 내용을 보험 청구 시 불이익이 없는 중요 시사점을 위주로 책을 쓰게 되었다. 보험에 가입한 가장 중요한 목적은 바로 보험금을 받기 위함이다.

그러면 보험금을 잘 받기 위해서는 첫째 보험에 잘 가입해야 한다, 두 번째 보험계약자로서 지켜야 할 의무를 정확히 알고 지켜야 차후에 일어날 수 있는 보험 회사와의 분쟁에서 이길 수 있다. 세 번째는 보험사고 발생 시 올바른 대응으로 불필요한 분쟁을 없애고 최대의 보상을 받을 수 있기에 보상전문 FC나 전문가에 도움을 요청해야 한다.

보험에 잘 가입하는 것이 보상을 가장 잘 받는 방법이기에 보상전문 FC가 생각하는 좋은 보험의 가치와 보험금을 최대한 정당하게 받기 위한 권리와 의무에 대하여 질병, 재해, 상해 등 각각의 부문별로 꼭 알아야 하는 내용을 이야기하겠다.

— 김승환 · 정영조 —

CONTENTS

내 보험 100% 활용하기 - 실전 편

- 아내가 갑상선 암 진단을 받았어요. **12**
- 미끄러지면서 넘어져 디스크(추간판탈출) 파열이 됐어요. **13**
- 아이가 학원 화장실 앞에 젖은 복도에서 미끄러져 넘어지고 팔이 골절됐어요. **14**
- 회사에서 야근만 하던 아빠가 휴일에 쓰러지셨어요. **15**
- 우리 집의 수도 파이프가 동파돼서 아랫집까지 물이 흘렀어요. **16**
- 교차로에서 직진 서행 중에 좌회전하던 차가 내 차를 박았어요. **17**
- 오토바이 운전 중 불법 유턴하던 차와 충돌하여 척추 압박 골절이 됐어요. **18**

내 보험 100% 활용하기 - 사례 편

chapter 1

01 보험 가입 여부 및 보험료 납입을 확인한다. **20**
02 고지의무 (계약 전 알림의무사항)는 서면으로 정확히한다. **21**
03 생명보험의 상해상품 및 손해보험은 보험계약 만기까지 통지의무가 있다. **23**
04 청약서 사인은 본인이 직접한다. **25**
05 보험금 청구하기 전에 진단서 내용을 확인한다. **27**
➔ 솔로몬 왕의 보장성 보험 **29**

chapter 2

06 병원 초진 의무기록 내용을 확인한다. **32**
07 본인의 의무기록사본은 보관한다. **34**
08 보험금 청구 시 보험회사의 조사에 포괄적으로 동의하지 마라. **35**

09 보험금 청구 거절 시 부지급 명세서를 요청하라. 38
10 민원 신청을 하라 그러나 능사는 아니다. 40
➜ 솔로몬 왕의 노후 은퇴 플랜 41

chapter 3

11 "보험이 없다" 그러나 보험금을 청구할 수도 있다. 44
12 "잊지 말자 단체보험" 눈 부릅뜨면 잠자는 보험금을 청구 할 수도 있다. 45
13 "보험이 실효 됐다" 그러나 보험금을 청구 할 수도 있다 47
14 진단금이 지급되는 보험금은 진단서 내용을 다시 확인한다. 49
15 의료 과실이 의심된다면? 51
➜ 솔로몬 왕의 암보험 53

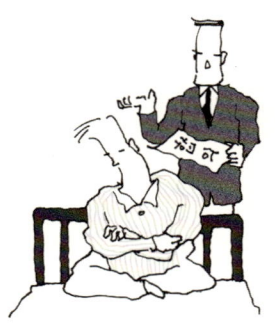

chapter 4

16 후유장해진단서와 180일 56
17 보험금 청구가 능사는 아니다. 57
18 보험금 청구는 언제까지 해야 하나? 59
19 보험회사로부터 합의 요청을 받았다. 60
20 자동차 사고 현장 대처 요령 61
➜ 솔로몬 왕의 태아, 어린이보험 63

chapter 5

21 자동차 사고 언제 합의할 것인가? 66
22 본인의 권리는 본인이 찾아야 된다. 67
23 나의 과실 비율은? 68

24   자동차 사고 형사 합의 어떻게 해요?   70
25   자동차사고 중 가장 큰 합의금 항목은?   72
➔ 솔로몬 왕의 운전자 보험   74

chapter 6

26   언제 배상 책임이 있나?   76
27   일상생활배상책임보험의 O·X 퀴즈   77
28   과로성 재해의 산재 신청 요령   79
29   이렇게 하면 과로성 산재사고 신청 시 근로복지공단에서 불승인된다.   81
30   이렇게 하면 과로성 질병 산재사고 신청 시 근로복지공단에서 승인받을 확률이 높다.   82
➔ 솔로몬 왕의 의료 실비보험   84

chapter7

31   사랑하는 가족을 남겨두고 떠난 망자의 진정한 바람은?   86
32   국민건강보험공단에 보험료를 납입하고 병원에 다니면서 낸 병원비(본인부담금액) 돌려받는다.   88
33   종신 부담보라도 5년이 지나면 보장받을 수 있다.   89

내 보험 100% 활용하기 - 부 록

형사합의서   92
채권양도 통지서   93
보험회사 call center   94
보험금 청구 서류   95
보험가입 내역 확인 방법   96

내 보험 100% 활용하기

내 보험 100% 활용하기

실전 편

※ 실전 편의 각 해당 내용은 제목 아래 나온 사례 편의 각 글에 있으니 그 글을 참고하면 내용별 실전 스킬을 알 수 있습니다.

: 아내가 갑상선 암 진단을 받았어요

- 보험 가입 여부 및 보험료 납입을 확인한다. **01**
- 보험금 청구하기 전에 진단서 내용을 확인한다. **05**
- 병원 초진 의무기록 내용을 확인한다. **06**
- 보험금 청구 시 보험회사의 조사에 포괄적으로 동의하지 마라. **08**
- "보험이 없다." 그러나 보험금을 청구할 수도 있다. **11**
- "잊지 말자 단체보험" 눈 부릅뜨면 잠자는 보험금을 청구할 수도 있다. **12**
- 보험금 청구 거절 시 부지급 명세서를 요청하라 **09**

: 미끄러져서 디스크(추간판탈출) 파열이 됐어요

- 보험 가입 여부 및 보험료 납입을 확인한다. **01**
- 병원 초진 의무기록 내용을 확인한다. **06**
- 보험금 청구 시 보험회사의 조사에 포괄적으로 동의하지 마라. **08**
- "보험이 없다." 그러나 보험금을 청구할 수도 있다. **11**
- "잊지 말자 단체보험" 눈 부릅뜨면 잠자는 보험금을 청구 할 수도 있다. **12**
  - 후유장해진단서 언제 발급받아야 하나? **16**
  - 보험금 청구 거절 시 부지급 명세서를 요청하라 **09**

: 아이가 학원 화장실 앞에 젖은 복도에서 미끄러져 넘어지고 팔이 골절 됐어요.

 확인

- 보험 가입 여부 및 보험료 납입을 확인한다.　　01
- "보험이 없다." 그러나 보험금을 청구 할 수도 있다.　　11
- "잊지 말자 단체보험" 눈 부릅뜨면 잠자는 보험금을 청구할 수도 있다.　　12
- 후유장해진단서 언제 발급 받아야 하나?　　16
- 나의 과실 비율은?　　23
- 사건사고의 손해배상 책임은?　　26
- 보험금 청구 거절 시 부지급 명세서를 요청하라　　09

: 회사에서 야근만 하던 아빠가 휴일 날 쓰러 지셨어요.

 확인

- 보험 가입 여부 및 보험료 납입을 확인한다. `01`
- 과로성 재해의 산재 신청 요령 `28`
- 이렇게 하면 과로성 산재사고 신청 시 근로복지공단에서 불승인된다. `29`
- 이렇게 하면 과로성 질병 산재사고 신청 시 근로복지공단에서 승인받을 확률이 높다. `30`
- "잊지 말자 단체보험" 눈 부릅뜨면 잠자는 보험금을 청구할 수도 있다. `12`
- 진단금이 지급되는 보험금은 진단서 내용을 다시 확인한다. `14`
- 병원 초진 의무기록 내용을 확인한다. `06`
- 보험금 청구 거절 시 부지급 명세서를 요청하라 `09`

: 우리 집의 수도 파이프가 동파돼서 아랫집까지 물이 흘렀어요.

 확인

- 보험 가입 여부 및 보험료 납입을 확인한다.　　01
- 언제 배상 책임이 있나?　　26
- 일상생활배상책임보험의 O X 퀴즈　　27

: 교차로에서 직진 서행 중에 좌회전하던 차가 내 차를 받았어요.

 확인

- 자동차 사고 현장 대처 요령　　　　　　　　　20
- 나의 과실 비율은?　　　　　　　　　　　　　23
- 자동차 사고 언제 합의할 것인가?　　　　　　21
- 본인의 권리는 본인이 찾아야 된다.　　　　　22
- 자동차사고 중 가장 큰 합의금 항목은?　　　　25

오토바이 운전 중 불법 유턴하던 차와 충돌하여 척추 압박 골절이 됐어요.

🔍 **확인**

- 나의 과실 비율은? — 23
- 자동차 사고 언제 합의 할 것인가? — 21
- 본인의 권리는 본인이 찾아야 된다. — 22
- 자동차 사고 형사 합의 어떻게 해요? — 24
- 보험 가입 여부 및 보험료 납입을 확인한다. — 01
- "보험이 없다." 그러나 보험금을 청구 할 수도 있다. — 11
- "잊지 말자 단체보험" 눈 부릅뜨면 잠자는 보험금을 청구할 수도 있다. — 12
- 후유장해진단서 언제 발급받아야 하나? — 16
- 생명보험의 상해상품 및 손해보험은 보험계약 만기까지 통지의무가 있다. — 03

내 보험 100% 활용하기

내 보험 100% 활용하기

사례 편

chapter 1

01 보험가입 여부 및 보험료 납입을 확인한다.

보험을 가입 후 가입 보험에 관하여 가입일자, 상품명, 그리고 사망보험금과 특약 등을 정리하여 두는 것이 중요하다.

사고가 일어나면 치료나 배상 책임까지 여러 가지로 금전적 손해가 발생한다. 이때서야 많은 사람들은 보험회사에 보험금을 청구하기 위한 목적으로 본인들이 가입하고 있는 보험들을 찾아보게 된다.

그러나 평소에 관심 갖지 않으면 꼭 필요할 때 도움이 안 될 수도 있다. 그중에 인터넷 가입 후 보험료 납입을 자동이체 한 경우처럼 본인도 인지 못하고 있을 경우가 많다. 더욱이 그 보험료가 소액에 해당되면 특히 보험 유지 여부와 보험료 납입 여부의 관리가 되지 않아서 보험금 청구 시 누락 청구 되는 경우가 많이 있다.

특히 사망사고일 때, 계약자와 피보험자가 같을 경우 남아 있는 유가족들이 망자의 보험 가입 여부를 모르고 지나갈 때도 있다. 본인이 근무하는 직장에서 산재보험 이외에 직원의 복지후생을 위하여 회사에서 단체보험을 가입하고 있는 경우가 많다.

이 단체보험에서도 예기치 않은 사고에 대하여 충분한 보상을 받게 되는 경우가 왕왕 있는데 단체보험의 특약에 본인의 배우자와 가족까지도 보상해 주는 경우도 있기 때문에 부부 각자가 다니는 회사에 단체보험 가입 여부를 알고 있는 것이 필요하다.

보험에 가입하면 보험사 FC들이 전달해 주는 약관 철에 가입한 보험약관을 모두 함께 보관하고 가입 보험에 관하여 가입일자, 상품명, 그리고 사망보험금과 재해(상해)특약, 의료비와 진단 특약 등은 정리하여 약관 철에 함께 보관해 두는 것이 중요하다.

왜냐하면 같은 상품이라도 가입 일시에 따라 보장내용이 다르며 특히 질병분류코드의 변경 등으로 보험금 수령액이 달라질 수 있기 때문이다.

2000년에 판매한 현대 쏘나타와 2014년에 판매하고 있는 현대 쏘나타는 쏘나타라는 이름은 같지만 엄연히 차는 다르다. 특히 10년, 20년 전에 가입한 오래된 보험을 가지고 있는 가족이 사망했다면 정리하여 보관해두었던 보험에 관한 내용이 남아있는 유가족들에게는 중요한 역할을 할 수 있다.

02 고지의무는 (계약 전 알릴 의무사항) 서면으로 정확히 한다.

보험 가입 시 계약 전 알릴 의무사항은 반드시 담당 FC가 아닌 보험회사 청약서 서면 양식에 정확히 고지한다.

보험계약 시 보험회사에 알려야 하는 중요한 내용인 계약 전 알릴 의무사항(고지의무)은 가입 고객과 보험회사에게는 매우 중요한 일이다.

특히 평소에 다니는 병원기록과 관련된 고지의무 위반이 향후에 보험금 청구 시 보험회사와 분쟁의 원인이 되기쉽다.

보험계약 1년 7개월 후에 유방암이 발병하였다. 암 보험금과 더불어 실손 의료비에 해당하는 보험금을 청구하였고 친절하게 보험회사의 보상과 직원이 나와서 보험금 청구에 관한 설명과 이런저런 질문 등을 하며 도움을 주는 줄만 알고 있었다. 자세한 설명과 의무기록사본 발급 동의서를 받아 갔고 계약자 본인은 보험금이 정상적으로 지급되는 줄만 알고 있었다.

하지만 며칠 후 청천벽력과 같은 통보를 받게 된다. 청구한 암 보험금 및 실손 보험금은 지급하지만 고지의무위반으로 계약은 해지하겠다는 보험사의 통보이다.

암에 걸린 고객은 그나마 보험에 가입하여 놓았다고 안심하고 있었지만 졸지에 공포와 불안에 떨게 되었다.

고객들이 보험회사로부터 강제로 해지를 많이 당하는 고지위반사유는 계약 전 알릴 의무사항 중 최근 5년 이내에 의사로부터 진찰 또는 검사를 통하여 의료행위에 관한 질문이다.

특히 "계속하여 7일 이상 치료"와 "계속하여 30일 이상 투약한 사실"이다. 여기서 "계속하여"란 같은 원인으로 질병의 치료 시작 후 완치일까지 임을 명심해야 한다. 즉 감기로 이비인후과에서 치료 후 한번에 약을 30일치 처방받은 것과 감기치료가 잘되지 않아서 두 달 동안 10일 처방 후 다시 병원에 내원해서 10일치 약 처방받고 다시 20일 후에 내원해서 10일치 약 처방을 받았다면 두 경우 모두 계속하여 30일 이상 약 처방을 받게 된 것이다.

그러므로 첫 처방에 30일은 고지하고 띄엄띄엄 같은 질병을 원인으로 30일치 이상 약을 처방한 사실을 고지하지 않았다면 향후 이 사실을 보험회사가 알게 될 경우 고지위반으로 보험계약을 해지 당할 수 있다.

(단 보험회사가 고객의 고지위반사실을 계약 후 3년 이후에 알았다면 강제로 계약을 해지할 수 없다.)

마지막으로 주의해야 할 사항은 말로 FC에게 고지한 것이다.

보험회사의 설계사는 고객의 계약 전 알릴 의무사항을 수령할 수 있는 법적 권리가 없다. 그래서 중요한 고지내용을 설계사에게 이야기했다고 해도 법적 효력이 없다. 계약 시 알릴 의무사항은 서

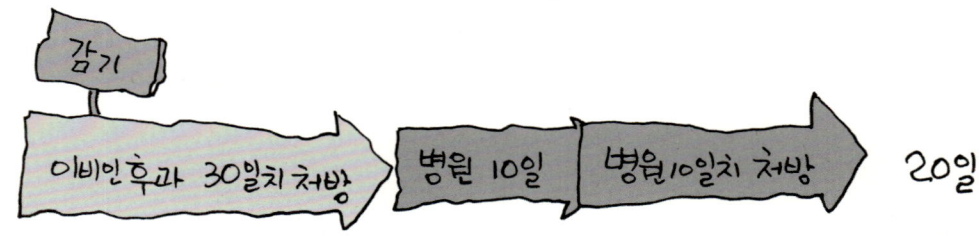

면을 통하여 꼼꼼하게 보험회사에게 알려야 한다. 그래야 이후에 발생할지 모르는 보험사고 시에 보험회사와 분쟁도 없고 보험금 부지급이나 계약해지 등 피해를 보지 않으며 정당한 보상을 받을 수 있다.

참조
상법 제651조(고지의무위반으로 인한 계약해지) 보험계약 당시에 보험계약자 또는 피보험자가 고의 또는 중대한 과실로 인하여 중요한 사항을 고지하지 아니하거나 부실의 고지를 한 때에는 보험자는 그 사실을 안 날로부터 1월 이내에 계약을 체결한 날로부터 3년 내에 한하여 계약을 해지할 수 있다. 그러나 보험자가 계약 당시에 그 사실을 알았거나 중대한 과실로 인하여 알지 못한 때에는 그러하지 아니하다.

03 생명보험의 상해상품(특약) 및 손해보험은 보험계약 만기까지 통지의무가 있다.

통지의무 대상이 되는 항목은 직업의 변경, 직무의 변경, 운전의 변경이 현저한 위험의 변경 및 증가를 발생시킨다면 지체 없이 보험회사나 보험회사 대리점에 통지해야 한다.

보험기간 중에 보험계약자 또는 피보험자가 사고 발생 위험이 현저하게 변경 또는 증가된 사실을 안 때에는 지체 없이 보험회사에 통지해야 한다.

위험의 현저한 변경 또는 증가란 그 정도의 위험이 계약체결 당시에 존재하였다고 하면 보험회사가 계약을 체결하지 안 했거나 적어도 동일한 조건으로는 그 계약을 체결하지 아니하였으리라고 생각되는 정도의 위험의 변경과 증가를 말한다.

예를 들면 오토바이 운전은 사고가 발생할 확률이 높다. 보험회사 입장에서 보면 사고가 발생할

확률이 높은 계약을 굳이 승낙할 필요가 없고 만약 계약 인수를 승낙한다면 사고발생이 높기 때문에 오토바이를 운전하지 않는 고객과 같은 보험료로 계약을 인수하려 하지 않고 보다 많은 보험료를 받으려 할 것이다.

그래서 통지의무는 보험회사로 하여금 보험을 가입하려는 계약자의 보험 인수의 재고나 보험료를 다시 조정하는 등 대응 방법을 모색할 수 있도록 하려는 법의 취지가 있다.

또한 예로 자식의 대학등록금을 걱정하는 부모님의 근심을 덜어드리고 미리 사회생활과 독립심을 기르기 위하여 많은 대학생들이 방학기간에 다양한 아르바이트를 한다. 각종 아르바이트 중에 과외나 커피숍 아르바이트처럼 비교적 안전한 아르바이트도 있지만 치킨 배달이나 건설현장 잡부처럼 다소 위험한 아르바이트도 있다. 배달처럼 오토바이를 타는 위험한 아르바이트, 특히 오토바이 상시 운전은 보험기간 중 계약자의 위험을 현저히 증가 시킨다.

그래서 대학생이 배달 아르바이트 중 교통사고가 나면 통지위반으로 보험금을 삭감하여 지급하게 된다. 대학생의 직업급수는 1급인데 직업급수가 2급인 아르바이트를 하면서 발생한 사고 시 지급되는 보험금의 약 40%을 삭감하여 보상하고, 직업급수가 3급인 아르바이트를 하는데 위험변경증가 통지위반을 하고 그 기간 중에 사고가 발생했다면 지급받아야 할 보험금의 약 60% 가량을 삭감하여 지급받게 된다.

주로 손해보험을 기반으로 하는 상품이 통지의무가 있지만 생명보험에서도 상해상품은 통지의무가 있다는 사실을 잊어서는 안 된다.

주의할 것은 통지의무는 꼭 보험회사의 콜 센터나 보험대리점에 하여야 한다. 담당 설계사에게 한 통지의무는 법적으로 효력이 없다.

통지의무 대상이 되는 항목은 직업의 변경, 직무의 변경, 운전의 변경이 현저한 위험의 변경 및 증

가를 발생시킨다면 지체 없이 보험회사나 보험회사 대리점에 통지해야 한다.
 단 위험의 일시적인 또는 한시적, 비정기적으로 변경 및 증가는 통지의무가 없다.

 대학생이 대학생활 중 군대에 갈 경우는 직업 변경으로 통지하여야 하나? 결론부터 말하면 '그렇다'이다. 하지만 우리나라에서는 남자는 누구나 국방의 의무가 있고 특별한 사유가 있지 않으면 모두 군대에 가야 하기 때문에 금융위원회에서 통지위반에서 제외시켜 줄 것을 권고했고 보험회사에서는 군대에 대한 통지의무위반은 위반에서 제외시켜 주고 있다.

참조
상법 제652조(위험변경증가의 통지와 계약해지) ① 보험기간 중에 보험계약자 또는 피보험자가 사고발생의 위험이 현저하게 변경 또는 증가된 사실을 안 때에는 지체없이 보험자에게 통지하여야 한다. 이를 해태한 때에는 보험자는 그 사실을 안 날로부터 1월내에 한하여 계약을 해지할 수 있다.
②보험자가 제1항의 위험변경증가의 통지를 받은 때에는 1월내에 보험료의 증액을 청구하거나 계약을 해지할 수 있다.

04 청약서 사인은 본인이 직접 한다.

보험 계약 시 청약서에는 직접 사인한다. 특히 계약자와 피보험자가 다른 경우 피보험자가 청약서에 직접 사인은 매우 중요하다.

 보험계약을 청약할 때 계약자와 피보험자의 사인은 본인이 직접 해야 한다는 것은 누구나 다 아는 사실이다.
 그러나 현실에서는 아직도 보험청약 시 본인이 직접 사인을 하지 않는 경우가 있고 그 중요성에 대하여 인식하지 못 하는 경우가 있다. 특히 저축성 보험가입 시 이런 일들이 종종 발생한다.
 FC나 방카슈랑스 직원들이 보험가입을 권유할 때 보험의 사망보험금이 적다는 이유로, 저축성 보험이라는 이유로 계약자와 피보험자의 사인을 대신하도록 권유하는 경우가 종종 있는 데 정말 위험천만한 생각이다.

인(人) 보험의 경우 타인의 사망을 보험사고로 하는 보험계약에서 타인인 피보험자의 서면에 의한 동의를 얻지 못한 경우에 그 보험계약은 무효가 된다.

예를 들면 계약자가 아버지이고 피보험자는 자녀로 하고 월 100만원씩 10년간 납입하고 자녀가 55세에 연금을 수령하는 저축성 보험을 가입했고 피보험자의 자녀 사인을 아버지가 대신했다면 10년이 지나든 20년이 지나든 피보험자가 직접 자필 사인을 하지 않았다면 이 계약은 무조건 무효이다.

즉 피보험자가 사인하지 않은 사실을 보험회사가 인지한 순간 이 계약은 즉시 무효가 된다.

이 계약이 보장성 보험일 때에도 같다.

타인의 사망을 담보로 하는 계약에서는 피보험자가 가족인 자녀나 배우자도 타인이다.

그러므로 가족 계약이지만 계약자와 피보험자를 달리하여 보험 계약을 청약할 경우 각각 계약자와 피보험자의 자필 서명은 꼭 본인이 직접 하여야 향후 보험회사로부터 불이익을 당하지 않는다.

참조

상법 제639조(타인을 위한 보험) ① 보험계약자는 위임을 받거나 위임을 받지 아니하고 특정 또는 불특정의 타인을 위하여 보험계약을 체결할 수 있다. 그러나 손해보험계약의 경우에 그 타인의 위임이 없는 때에는 보험계약자는 이를 보험자에게 고지하여야 하고, 그 고지가 없는 때에는 타인이 그 보험계약이 체결된 사실을 알지 못하였다는 사유로 보험자에게 대항하지 못한다.

② 제1항의 경우에는 그 타인은 당연히 그 계약의 이익을 받는다. 그러나 손해보험계약의 경우에 보험계약자가 그 타인에게 보험사고의 발생으로 생긴 손해의 배상을 한 때에는 보험계약자는 그 타인의 권리를 해하지 아니하는 범위 안에서 보험자에게 보험금액의 지급을 청구할 수 있다.

③ 제1항의 경우에는 보험계약자는 보험자에 대하여 보험료를 지급할 의무가 있다. 그러나 보험계약자가 파산선고를 받거나 보험료의 지급을 지체한 때에는 그 타인이 그 권리를 포기하지 아니하는 한 그 타인도 보험료를 지급할 의무가 있다.

05 보험금 청구하기 전에 진단서 내용을 확인한다.

질병이든 상해든 병원에서 치료 후 받게 되는 진단서의 내용이 맞는지 먼저 확인하여야 한다.

일반적으로 의사가 발행하는 진단서의 좌측상단에는 진단명과 우측상단에는 질병분류코드가 기록되어 있다.

이 진단명과 질병분류코드가 일치하여야 한다. 보험회사 특히 생명보험회사에서는 진단명과 질병분류코드가 보험금 청구에 절대적인 역할을 한다. 왜냐하면 생명보험에서 보험금을 지급하는 원칙이 열거주의를 채택하고 있기에 청구 가능한 질병 및 상해 분류코드와 보험금 청구 불가능한 질병 및 상해 분류 코드가 약관에 나열되어 있기 때문이다.

그래서 생명보험에서는 질병분류코드가 중요하다. 만약 의사의 실수로 질병분류코드가 잘못 기재되었다면 당연히 보험회사에서는 보험금 지급을 거절한다.

질병분류코드는 WHO(세계보건기구)권고에 따라 국제질병분류를 번역하고 우리나라 실정에 맞게 300여 가지 한국적 질병을 더하여 6차에 걸쳐 개정하여 통계청에서 통계자료를 만들어 활용하고 있다. 의사들은 통계청에서 발간한 한국표준질병 -사인분류 질병코딩 지침서를 근거로 하여 진단서에 코딩한다.

그런데 의사들은 사람의 질병을 고치는데 관심이 많을까? 아니면 질병코드표 작성에 관심이 많을까?

당연히 의사들은 환자의 병을 치료하는데 관심이 많을 것이고 또한 모든 의사들이 1차부터 6차까지 변경된 모든 한국표준질병 -사인분류 질병코딩 지침서 내용을 정확히 구분하여 숙지하지 못하고 있을 가능성이 매우 높다.

그리고 더불어서 보험회사의 약관은 수도 없이 변경되었다.

만약 본인이 2000년에 보험을 가입했고 특히 2008년 3월 1일 이전 약관에는 암이었지만 그 이후에는 한국표준질병 -사인분류 질병코딩 지침서에서 코딩이 변경되어 경계성 종양으로 코딩되어있는 질병이 발병하여 2014년도에 보험금을 청구했을 경우, 보험회사는 경계성 종양 진단금을 줄까? 아니면 암 진단금을 줄까?

이렇듯 의사의 실수를 포함하고 뿐만 아니라 제도적인 문제로 인하여 한국표준질병 –사인분류 질병 코딩이 잘못되어 보험금 청구에 불이익을 당한다면 억울하지 않을까?

그래서 각종 진단금 또는 후유장해 진단금 등등 보험금 청구금액이 많은 보험사고 발생 시 의사가 발행한 진단서의 내용을 꼼꼼히 확인하는 것이 중요하다.

그리고 질병진단서의 경우 확정진단과 임상적 진단의 두 가지 종류가 있는데 보험회사에서 필요한 진단서는 임상적 진단서가 아닌 확정진단서이다.

간혹 의사가 임상적으로 암 진단을 하고 나중에 확정진단을 해주지 않는 경우가 많아서 진단서를 발급받을 때에는 확정에 표시가 되어있는 진단서를 발급받는 것이 매우 중요하다.

솔로몬 왕의 보장성 보험

보장성보험은 보험의 가장 근간을 이루는 보장이다. 조기사망에 따른 가족의 교육자금, 생활자금 등 경제적 리스크를 해결해 줄 수 있는 전통적인 기능과 100세 시대에 사는 현대인들을 위한 종신의료비를 준비함으로써 인간의 존엄성을 지킬 수 있는 유일한 수단으로 그 가치를 재조명해야 한다. 그에 따른 보장 내용도 재점검이 필수적이다.
이제는 주변인들이 가입해서, 설계사인 지인이 추천해서 등으로 보장성보험을 가입하는 시대가 아니라 나에게 필요한 보험금이 무엇인지를 체크하고 그에 따른 보장을 받을 수 있도록 보상 전문 FC를 통해 종합적으로 검토 후 가입/관리 받아야만 한다.

필요한 보장은 크게 사망, 상해, 질병, 의료비 등 네 부분으로 나눌 수 있다.
사망보험금은 주계약과 정기특약(수입보장특약) 등으로 본의 아니게 가족 곁을 떠나게 되었을 때, 남은 가족이 안정적으로 생활을 할 수 있도록 보장하는 것이다. 가입 나이, 가족 구성비, 수입 정도에 따라 보장 금액이 산정된다.
상해부분은 보상전문 FC만이 보상해 줄 수 있는 보장으로서 몰라서 못 받았던 보험금이다. 몇 백에서 수 천 만 원, 몇억까지 큰 금액을 받을 수 있어서 반드시 체크해야 한다. 2차 보험금은 디스크나 십자인대 파열, 얼굴의 상처, 암, 치매, 배상책임, 화재, 뇌출혈, 뇌종양, 압박골절, 자살, 교통사고 등 전반에 걸친 부분에서 수령이 가능하며 보험료 납입면제 혜택과 4년, 5년 전 사고에 대한 보상, 현재 실효/해약 된 보험에 대해서도 보상받을 수도 있는 부분이 있기 때문에 반드시 보상 전문 FC를 통해서 가입/관리 받아야만 한다.

질병에 대해서는 암, 뇌혈관질환, 심혈관질환 등에 대한 진단비를 받을 수 있으며 의료비는 입원, 수술비, 간병비 등을 받을 수 있다. 질병과 의료비는 생명보험과 손해보험이 상호 보완적인 부분이 있기 때문에 가족력 및 환경, 건강상태, 경제적인 상황 등을 고려하여 설계해야 한다. 환경의 변화와 의료 기술의 발달로 추가로 발생하는 질병의 종류가 있고 치료 기술의 발달로 치료 항목이 달라지는 등 보장의 내용과 금액이 시대에 따라 바뀌고 있다. 그러므로 보상 전문 FC로부터 주기적으로 점검을 받으면서 계약 이후 지속적인 관리를 해야 한다.

<u>1) 보장성 보험의 주계약과 상해, 질병, 의료비 등의 특약이 제대로 설계되었는지 꼼꼼히 확인해야 한다.</u>
보장성 보험은 생명 보험에서 주계약은 사망을 손해보험의 주계약은 재해상해와 재해사망을 담보로 한다. 상해특약, 질병 진단비, 수술비, 입원비, 간병비 등에 대해 본인에게 알맞게 설계되었는지 확인해야 한다.

2) 가족력 및 업무 환경, 식생활 등을 고려하여 설계되었는지 확인한다.

유전적, 가족력적인 요인에 따른 질병의 발생 위험도가 갈수록 높아가고 있으므로 이러한 부분을 고려하여 담보 내용과 보장 크기를 종합적으로 체크할 필요가 있다.

3) 보장의 크기, 보장 내용, 보장 기간을 고려하고 본인의 경제적 상황에 맞는 보험료인지 체크해야 한다.

모든 사람들이 돈 걱정 없이 부자로 살 수는 없다. 그리고 살면서 벌어들이는 수입과 벌 수 있는 기간이 어느 정도는 예측이 가능하다. 누구는 조금 더 길게 누구는 조금 더 많이 등의 차이 일 수 있다. 이 한정된 돈으로 사랑하는 가족과 본인의 최소한의 존엄한 삶을 위해서 보험을 가입하는 것이므로 보험료는 본인에게 알맞게 설계되었는지 확인해야 한다.

4) 납입면제 기능과 헬스 케어 등 서비스 항목도 고려할 필요가 있다.

현재를 사는 우리는 틀림없이 장수할 가능성이 높기에 헬스 케어 서비스는 향후 무시 못하는 혜택이 될 가능성이 높다. 예전에 매월 납입하는 보험료만큼 항공 마일리지를 같은 금액으로 무료로 적립해주는 보험 상품이 있었다. 지금까지 유지하고 있는 고객에게는 대박상품이다.

그 마일리지로 몇 년에 한 번씩 유럽여행을 갔다 온다. 그리고 납입면제가 되면 매월 납입하는 보험료를 보험회사가 대신 납입하여 주기 때문에 만기보험료와 더불어 약관대출금, 중도인출금이 늘어나는 부수적인 혜택도 있다. 그래서 본인에게 알맞게 설계되었는지 확인해야 한다.

5) 중도인출, 약관대출, 추가 납입 등의 기능과 소득공제, 연금 전환, 상속 재원, 기부 기능 등 다양하게 활용 가능하므로 보상 전문 FC를 통해서 가입/관리 받아야 한다.

우리는 틀림없이 장수할 가능성이 높기에 오래 사는 것에 대비하여야 한다. 보험도 장수하면서 생기는 예측 못한 변수에 유연하게 대처해야 할 필요가 있다. 미리 계획한 노후생활보다 더 오래 살면서 긴 시간 동안 유병생활을 하게 된다면 가입해 놓은 보장성 보험의 사망보험금에서 일부를 미리 받을 수도 있다. 여러 가지 특징을 본인의 상황과 목적에 맞게 본인에게 알맞게 설계되었는지 확인해야 한다.

내 보험 100% 활용하기

chapter 2

06 병원 초진 의무기록내용을 확인한다.

사고발생 후 병원 방문 시 의무기록지에 대한 정확한 기재가 중요하다.

우리는 감기로 병원에 가면 가장 먼저 의사가 환자에게 문진을 한다.

어디가 아파서 왔나요? 언제부터 아팠나요? 이렇게 의사가 문진한 내용은 의무기록지에 기록하게 되어있고 의무기록지 내용은 함부로 수정할 수 없다. 만약 의사가 마음대로 의무기록지의 내용을 수정하면 그것은 의료법 위반이 된다. 또한 환자가 향후에 의무기록지의 내용 정정을 요구하더라도 병원 측에서는 의료법 위반이기 때문에 수정해주지 않는다.

그런데 보험사고가 발생하고 보험사에 보험금을 청구하면 보험회사는 접수된 보험금 청구 건이 약속대로 보험금을 지급해야 하는지 부지급해야 하는지를 결정하는데 있어서 고객의 병원치료내용이 매우 중요한 판단 근거가 된다.

똑같은 사고이어도 사고를 당한 환자가 병원에 실려와 의사에게 말한 초기 문진 내용에 따라 보험금이 지급되기도 하고 부지급되기도 한다.

예를 들면 낙상사고로 추간판 탈출증이 발생하고 수술까지 받았다면 이 내용을 근거로 보험회사에서 수술비와 입원비는 물론 후유장해진단금까지도 받을 수 있다.

하지만 낙상사고로 병원에 도착한 환자가 의사에게 말한 초기 문진 내용에 따라 상황은 달라진다.

낙상 사고 발생 후에 추간판 탈출이 된 환자에게 무척 심한 고통이 동반됐고 응급으로 수술을 하여야 하는 상황이어서 환자가 추간판 탈출이 된 원인인 넘어진 상황을 의사에게 정확히 이야기 못해서 의무기록지에 단순히 "허리가 아파서 내원, 오른쪽 하지방사통 호소함"이라고 적혀있다면 후유장해 진단금은 상해사고가 아니기에 한 푼도 받을 수 없다. 왜냐하면 상해 기여도를 인정받지 못하기 때문이다. 단 질병 후유장해를 보상하는 특약이 있다면 보상이 가능하다.

한편 같은 상황에서 의사에게 "오늘 출근길인 오

전 8시경 강남역 근처에서 빙판길에 넘어졌고 119로 병원 내원, 하지방사통 호소"라고 언제, 어디서, 무엇을 하다, 어떻게 사고가 일어났는지 정확한 내용을 이야기하고 의무기록지에 적혀있다면 후유장해 진단금을 받을 수 있다.

또한 추간판 탈출증의 경우 "M" 코드로 시작된다. M코드 자체가 질병을 의미하기 때문에 넘어져서 다쳤다는 상해코드인 "S" 코드와 함께 코딩해 달라고 의사에게 요청해야 한다.

그러면 왜 이렇게 초진기록지의 내용이 중요할까?

만약 이 책을 읽고 있는 독자가 보험금을 지급해 주는 보상과 책임 관리자라면 청구된 보험금을 지급 결정하려면 무슨 근거를 기초로 하여 지급할까?

순수하게 보험금을 청구하는 고객의 진술에만 의존하여 보험금을 지급 할까?

아니면 누가 보아도 타당하게 지급했다고 볼 수 있게끔 지급할까?

의사가 기록한 의무기록지가 그런 정당한 타당성을 제공하기 때문에 보험회사는 보험사고가 발생하면 의무기록사본을 조사하여 보험금 지급의 잣대로 사용하고 있는 것이다.

그래서 보험회사와 불필요한 분쟁과 정당한 보험금 청구의 권리를 보호받기 위해서는 고객 스스로의 노력과 지식이나 보상전문FC의 도움이 절대적으로 필요하다.

07 본인 의무기록 사본은 본인이 보관한다.

사고발생 후 후유증을 고려해야 한다면 본인의 의무기록은 개인이 보관해야 한다.

사고가 발생되고 나서 치료에 전념하다 보면 후유증에 관해서 걱정이 될 수 도 있고 담당 의사가 후유증에 대하여 설명해 줄 수도 있다. 이러한 상황이면 환자 스스로가 본인의 의료 기록을 보관하는 것이 스스로의 권리를 보호하는 길이다.

보통 로컬 병원이라는 주위에 흔히 보이는 동네 병원은 의무기록의 법정 보관기간이 5년이고 우리가 알고 있는 대학병원처럼 준 종합병원 이상은 환자의 의무기록의 법정보관 기간이 10년이다.

또한 진단서는 2년, 영상기록은 3년간 보관한다.

다만 동일 질병으로 지속적으로 치료를 받고 있다면 그 이상 보관이 될 수도 있다.

이처럼 법에 의무기록 보관기간이 정해져 있다.

그런데 치료를 받던 의료기관이 폐업을 하면 어떻게 될까?

보험회사는 의료기관의 객관적인 자료를 근거로 보험금을 지급하려 하는데 나의 의무기록이 없다면 보험금 청구 시 어떻게 될까?

법에서는 병원이 폐업을 하면 폐업한 병원의 의사는 관할 보건소에 의무기록을 송부하여 보관하게 하고 있다. 그러나 현실은 의사가 개인적으로 보관하고 있는 경우가 많으며 실제로 의사의 개인 보관 시 분실되거나 폐기되는 경우가 왕왕 있다.

현재 치료 내용이 시간이 지나면서 고착화되어 장해가 남고 그 남은 장해로 보험금을 청구하려면 객관적으로 치료받았던 의무 기록이 확인되어야 한다.

또한 보통 고객들은 본인의 권리인 보험금 청구에 관하여 모르고 있는 경우가 상당히 많다. 시간이 지나서라도 보상받을 수 있는 권리를 찾으려면 과거의 객관적인 의무기록이 제일 중요하다.

그래서 향후 후유증의 발생이 의문 시 된다거나 보험금 청구에 관하여 100% 모른다면 본인의 의무 기록은 항상 스스로가 복사하여 보관해 두어야 한다.

08 보험금 청구 시 보험회사의 조사에 포괄적으로 동의하지 마라.

보험금 청구 시에 보험회사의 조사에 동의해야 한다. 단 동의해 줄 부분만 동의한다.

보험회사에서는 고객이 청구한 보험금에 대한 지급 여부의 심사를 진행하기 위해 피보험자 개인정보를 수집하여 심사할 권리가 있다. 그래서 보험 가입자는 보험금 청구 후에 보험회사에서 파견한 직원(보험회사의 보상직원 또는 서베이 업체 직원)의 조사에 대한 협조를 해야 할 의무가 있다. 그러나 문제는 '어디까지 조사에 동의해야 하는가'이다.

보험회사가 조사하는 내용 중에 병원의 치료 기록은 개인의 민감한 정보들이지만 치료한 병원의 진료기록 사본 발급에 대한 위임장, 동의서, 그리고 개인정보 수집활용동의서는 모두 동의를 해야 하는 의무가 있다.

그러나 이것 이외의 요구에는 응하지 않아도 된다. 특히 병원의 진료기록 사본 발급 동의서는 병원명이나 동의날짜가 명기되어 있지 않은 서면에 본인 서명하여 포괄승인 하지 말고 보험금 청구와 관련하여 치료받은 병원의 이름을 명확히 기재하여 진료기록 사본 발급 동의서에 사인해 주어야 본인의 권리를 스스로 지킬 수 있다.

요즘 보험회사의 개인정보활용동의서상에 의료자문의 내용을 삽입하여 포괄적인 위임을 받는 경우가 있는데 의료자문이나 의사의 소견이란 내용을 밑줄 긋고 서명을 하여 그 부분은 위임을 하지 않아도 된다.

한편 조사에 동의를 하지 않을 경우 청구한 보험금은 지급유예가 되며 지연이자를 지급하지 않는다.

보험회사에서 보험금 청구와 관련 조사 시, 약관의 확대 해석으로 요구하는 3가지 상황에 대하여는 응하지 않아도 된다.

첫 번째 보험회사에서 조사를 나와서 국민건강보험 급여내역서를 떼어달라고 하면 거부해야 한다.

이는 보험금을 청구한 진료내역과 상관없는 모든 병, 의원 진료내역을 보여주는 꼴이 된다.

국민건강보험 급여내역에는 개인의 민감한 질병 정보가 모두 들어있기 때문에 이는 개인정보보호법과 상충되게 된다.

개인정보보호법에서는 본인의 주민번호로 조회가 가능한 민감한 개인정보는 그 자료의 열람 및 등사를 거부할 수 있다.

국민건강보험 급여내역서는 본인만 신청이 가능하며 공인인증서로 인터넷 발급이나 가까운 공단으로 내방해야 발급이 가능하며 공단에서도 보험과 관련된 신청은 모두 사본발급을 거부하고 있다.

두 번째 보험회사 직원의 국세청 자료 요청도 응하지 않아도 된다.

국세청에 있는 개인 카드 사용 내용은 많은 개인적 정보를 포함하고 있다.

우리나라에서 카드를 일상생활에서 많이 사용하고 있다. 소소하게 교통카드부터 식당이나 병원까지 거의 모든 곳에서 카드 사용이 가능하다. 이는 카드 사용 내역이 민감할 수 있는 많은 개인 정보가 담겨 있다는 사실이다.

그래서 국세청에 있는 개인 카드 사용 내용 중 지금껏 병원에서 사용한 나의 신용카드내역이 모두 조회된다. 보험회사에서는 사용된 신용카드의 내용으로 병원을 확인하여 보험금 부지급 및 계약해지를 시키기 위한 목적으로 사용하려 한다.

또한 국세청 급여내역 조회는 나의 소득과 지출의 모든 경제적인 부분을 공개하는 것이다.

그래서 당연히 지극히 민감한 개인정보에 속하므로 동의해 줄 필요가 없다.

마지막으로 의료자문 동의서에 사인을 하라고 요구한다. 의료자문이란 보험회사에서 거래하고 있는 3차 의료기관의 자문의사에게 소정의 자문료를 보험회사가 지불하고 의사가 보험금 지급여부를 결정하게 될 수 있는 의학적 내용을 자문하는 것이다.

당연히 의료자문을 의뢰받은 의사들은 자기가 치료한 환자도 아니고 환자의 제한된 정보를 접할 가능성이 높기 때문에 보험회사에 유리한 자료가 나올 수도 있다.

환자를 직접 관찰하지 않고 제출된 진단서는 진단서로서의 효력을 의심해 봐야 한다.

동의할 필요도 없고 동의를 했다고 해서 그 결과까지 모두 수용할 필요도 없다.

보험금 청구 후 보험회사에서 방문하여 본인의 의무기록사본 발급요청이 들어오면 진료기록 열람 및 사본발급 동의서와 그 위임장에 병원명을 반드시 기재하고 서명 날짜를 기재하여 주면 된다. 그러면 보험회사는 서면으로 동의한 동의서에 쓰여져 있는 병원만 방문할 수 있다.

병원이름과 날짜도 없는 백지 상태의 포괄적인 동의는 할 의무가 없다.

> **참조**
>
> 개인정보보호법 : 제23조(민감정보의 처리 제한) 개인정보처리자는 사상·신념, 노동조합·정당의 가입·탈퇴, 정치적 견해, 건강, 성생활 등에 관한 정보, 그 밖에 정보주체의 사생활을 현저히 침해할 우려가 있는 개인정보로서 대통령령으로 정하는 정보(이하 "민감정보"라 한다)를 처리하여서는 아니 된다. 다만, 다음 각 호의 어느 하나에 해당하는 경우에는 그러하지 아니하다.

1. 정보주체에게 제15조제2항 각 호 또는 제17조제2항 각 호의 사항을 알리고 다른 개인정보의 처리에 대한 동의와 별도로 동의를 받은 경우
2. 법령에서 민감정보의 처리를 요구하거나 허용하는 경우

제39조(손해배상책임) ① 정보주체는 개인정보처리자가 이 법을 위반한 행위로 손해를 입으면 개인정보처리자에게 손해배상을 청구할 수 있다. 이 경우 그 개인정보처리자는 고의 또는 과실이 없음을 입증하지 아니하면 책임을 면할 수 없다.
② 개인정보처리자가 이 법에 따른 의무를 준수하고 상당한 주의와 감독을 게을리하지 아니한 경우에는 개인정보의 분실·도난·유출·변조 또는 훼손으로 인한 손해배상책임을 감경받을 수 있다.

제15조(개인정보의 수집·이용) ① 개인정보처리자는 다음 각 호의 어느 하나에 해당하는 경우에는 개인정보를 수집할 수 있으며 그 수집 목적의 범위에서 이용할 수 있다.
② 개인정보처리자는 제1항 제1호에 따른 동의를 받을 때에는 다음 각 호의 사항을 정보주체에게 알려야 한다. 다음 각 호의 어느 하나의 사항을 변경하는 경우에도 이를 알리고 동의를 받아야 한다.

1. 개인정보의 수집·이용 목적
2. 수집하려는 개인정보의 항목
3. 개인정보의 보유 및 이용 기간
4. 동의를 거부할 권리가 있다는 사실 및 동의 거부에 따른 불이익이 있는 경우에는 그 불이익의 내용

09 보험금 청구 거절 시 부지급 명세서를 요청하라.

보험금 청구 후에 부지급 결정이 나면 보험금 부지급 안내문을 요청하고 그 근거에 대해서 정확한 내용 제시를 요청해야 한다.

우리는 살면서 원치 않은 사고를 당할 수 있다. 그때를 대비하여 보상받기 위해 보험을 든다. 그런데 내가 당한 사고가 보험금 청구가 가능한 사고인지 아닌지도 잘 모를 수 있고 또한 보험금 청구가 가능한 사고이어서 보험금을 보험회사에 청구 했을 때도 정당하게 보험금을 받을 수 있는지 아닌지 잘 모르는 일이 다반사이다.

보험회사는 고객의 보험금 청구 시, 보험금 지급 여부의 심사는 기본적으로 약관을 토대로 결정되어야 한다. 또한 고객이 청구한 보험금을 부지급하기 위해서는 부지급하는 이유에 대해서 객관적인 입증자료가 기초되어야 한다. 만약 보험회사에서

약관에도 나와있지 않는 내용을 주장하거나 약관의 내용을 확대 해석하거나 또는 보험회사가 객관적이지 않고 스스로 자의적으로 해석하여 면책을 주장하여 보험금을 부지급할 경우에는 그 결정에 대한 반박을 해야 한다.

　보험사고 후 보험금 청구 시 많은 부분 의학적인 내용이 분쟁의 주요한 쟁점이 될 수 있는데 일반 소비자인 고객은 전문적인 의학지식에 취약할 수밖에 없다. 그렇기 때문에 보험금이 부지급되면 그 내용을 서면으로 요청하고 필요하다면 부지급에 대한 서면 내용의 해석을 외부의 전문가에게 도움을 요청해야 고객 스스로가 자신의 권리를 지키는 길이다.

　보험회사는 고객인 개인보다 다양하고 많은 정보를 갖고 있다. 이 정보의 비대칭에서 오는 피해를 줄일 수 있는 유일한 방법은 고객자신의 권리를 적극적으로 지키는 길을 찾는 것이다.

　보험금 청구의 부지급에 대한 모든 내용은 보험회사에게 모두 요청할 수 있으니 보험회사에 "보험금 부지급 명세서"를 요청하고 필요한 경우에는 전문가에게 그 내용의 적정성 여부를 확인 요청해야 한다.

> **참조**
>
> 상법 : 제663조(보험계약자 등의 불이익변경금지) 이 편의 규정은 당사자간의 특약으로 보험계약자 또는 피보험자나 보험수익자의 불이익으로 변경하지 못한다. 그러나 재보험 및 해상보험 기타 이와 유사한 보험의 경우에는 그러하지 아니하다.

10 민원 신청을 하라 그러나 능사는 아니다.

보험금 처리 결과가 약관 내용과 다르게 또는 불합리하게 처리됐다고 생각된다면 민원 신청을 하라.

보험회사에 보험금을 청구하고 처리된 결과 즉 보험금 처리 및 계약해지 등 보험금 지급 과정에서 부당성이 있다고 판단되면 보험회사 내 VOC(Voice of Customer)에 본인이 직접 민원을 제기할 수 있다.

VOC란 콜 센터에 접수되는 고객불만사항을 접수부터 처리가 완료될 때까지 처리상황을 실시간으로 관리하는 회사 내의 시스템을 말하며 익히 알고 있는 콜 센터나 보험회사에서는 보험사고전담 전용전화를 운용하고 있다.

보험회사에 민원을 제기하는 것 자체가 보험회사와 심리적인 불편함이 이미 시작되고 있는 경우가 많다. 그럴 경우에는 보험회사 내부나 대외 기관을 통해서도 본인의 권리를 찾기 위해 민원 제기가 가능하다.

우선 금융감독원에 민원신청이 가능하고 민원신청방법은 직접 방문하거나 내용을 적어서 우편으로 접수하거나 인터넷으로 접수할 수 있다. 각자가 편한 방법을 사용하면 된다.

소비자보호원에도 민원제기가 가능하고 청와대 신문고에 민원제기도 가능하다.

보험회사에 대한 민원을 청와대 신문고를 이용하면 민원접수 후 담당 해당기관으로 배정되기 때문에 금융감독원으로 접수가 된다.

조금 더 자세히 적으면 생명보험, 손해보험은 금융감독원에, 우체국은 미래 창조과학부에, 새마을금고는 새마을금고중앙회에, 택시/버스/주택/건설공제는 국토교통부에 민원 신청하여 구제를 받을 수 있다.

그러나 보험금청구와 지급관련 소송이 진행 중이면 금융감독원에 민원 제기는 불가능하다.

다만, 내용 파악도 없이(전문지식부재) 무분별하게 금융감독원에 민원제기는 보험회사와 분쟁이 더욱 더 심화될 수도 있다.

민원제기 시 신중을 기하기 바란다.

솔로몬 왕의 노후 은퇴 플랜

초고령화 시대로 접어들면서 경제활동 은퇴 후 100세까지 30~40년 동안 수입이 없을 가능성이 높으며 그럴 경우 소비만 하는 노후생활을 해야 한다. 미리 계획한 노후생활보다 더 오래 살면서 긴 시간 동안 유병생활을 하게 된다면 언제 끝날지 모르는 의료비와 생활비는 큰 문제로 대두되게 된다. 그러므로 노후 은퇴 설계의 중요성이 갈수록 커져가고 있다. 은퇴 설계는 해도 되고 안 해도 되는 선택의 문제가 아니라 반드시 해야 하는 필수 항목이므로 본인의 은퇴 후 생활 필요자금을 고려하여 종합적으로 설계해야 한다.

안전한 노후를 위하여 대표적인 연금 상품을 알아보고 시작했거나 준비 중이라면 본인에게 알맞게 설계되었는지 확인해야 한다.

1) 일반 연금 보험은 10년 이상 보험을 유지 시 이자 소득세에 대해서 비과세이고 투자 상품이 아니고 보험회사에서 공시하는 이율로 운영되는 안전한 상품이다. 하지만 인플레이션 즉 공시 이율로 계산 되는 일반 연금보험 수익이 물가 상승률을 따라가지 못할 수 있는 단점과 금리하락으로 인해 보장 받는 최저금리가 상당히 낮기 때문에 연금이 적어질 수 있다.

2) 연금 저축보험은 10년 이상 유지 시, 이자 소득세에 대해서 비과세이고 투자 상품이 아니므로 안전한 상품이다. 세액공제를 받을 수 있다는 장점이 있는데 본인의 소득과 소득공제 상황에 따라 공제액의 규모와 그 효과가 유의한지 무의미한지를 전문가를 통해 잘 따져봐야 한다. 인플레이션을 따라가지 못하는 단점과 금리하락으로 인해 최저금리 보장 시 연금액이 적어진다. 연금 수령 시 종신형이 아닌 일정 기간 동안만 받을 수 있으며 수령 시 5.5% ~3.3%의 연금소득에 대한 세금을 내야 한다.

3) 연금저축 펀드는 연금저축보험과 비슷한 세제 혜택을 받을 수 있으며 펀드에 투자하여 투자수익을 돌려받는 실적배당 상품이다. 연금 수령방법은 수령기간이 확정된 확정형만 가능하다. 반면 펀드로 운영되므로 원하는 좋은 결과가 나오면 실질 수익률이 물가 상승을 극복할 수 있고 수익률 관리가 중요한 포인트이다.

4) 변액연금보험은 고객이 낸 돈으로 펀드를 구성하여 투자를 하고 수익을 배당 받은 자금을 종자돈으로 하여 원하는 시기에 연금으로 받는 변액보험과 연금보험을 합친 상품이다. 본인의 투자 성향과 가입 나이 등에 따라 투자되는 펀드의 종류 선택과 채권과 주식 투자 비율을 고객이 스스로 설정할 수 있고 수익률 관리가 중요한 포인트이다.

5) 변액유니버셜보험은 은행. 증권. 보험의 성격을 한 상품에 합쳐놓은 저축성 보험이다. 10년 이상 저축할 목적으로 하여야 하며 가입을 하면 평생 비과세 통장을 개설하는 의

미가 된다. 투자 상품은 수익률도 좋지만 안전하게 운영하는 것이 더욱 중요한 포인트이다. 변액유니버셜의 가장 큰 장점 중 하나가 바로 리스크를 헷지할 수 있다는 것이다. 여러 가지 펀드를 통해 경제 상황에 따라 펀드 변경 및 적립금 이전을 통해 안전하게 수익률을 극대화할 수 있으며 최근에는 Auto-Rebalancing 기능을 통해 시스템적으로 수익률을 안전하게 관리할 수 있다. 이렇게 모아진 자산은 중도에 필요시 인출하여 사용할 수도 있고 은퇴 자금으로 사용할 수도 있다. 인생을 살아가면서 생기는 자녀 교육자금, 결혼 자금, 이벤트 자금, 사업자금, 노후자금 등 다목적으로 활용할 수 있는 인생 종합통장이다.

변액상품 Check Point

1) 충분히 장기간 유지하라

변액상품은 10년 이상 유지하여야 비과세 혜택을 받을 수 있으며 가입 목적을 달성할 수 있다.

2) 우량 보험사를 선택하라

장기간 유지하는 만큼 재무 건전성과 지급비율 등을 고려하여 안정적인 회사를 선택해야 한다.

3) 전문 재무 상담사와 상담하라

변액보험은 수익률 관리가 가장 중요한 포인트이기 때문에 주기적으로 상담 및 관리받을 수 있는 전문가를 통해서 가입하여야 한다.

4) 변액 보험 내 구성 펀드를 확인하라

투자상품이므로 경기 변동에 따라 능동적으로 대처할 수 있는지 개인의 투자 성향에 맞게 다양한 펀드로 운용할 수 있는지 확인해야 한다.

5) 납입면제 기능과 최저 수익 보장 등을 고려해야 한다.

※ 납입 면제 기능 : 재해 상해 50% 이상이거나 암, 2대 질병 등의 진단 시에 저축성 보험료를 납부하지 않아도 보험회사에서 대신 납부 해주는 기능.

※ 최저 수익 보장 : 예를 들어 10년 후 5% 수익률을 보장해 준다거나 그 후 매년 5년마다 ~%의 수익률을 추가적으로 보장해 주는 기능.

※ Step-Up 기능: 정해진 기간 내의 최고 수익률을 다음 기간에 지속하여 그 이상으로 수익률을 보장해 주는 기능.

내 보험 100% 활용하기

chapter 3

11. "보험이 없다." 그러나 보험금을 청구할 수도 있다.

> 본인이 가입한 보험이 없다고 해서 보험금 청구가 불가능한 것만은 아니고 의외로 보험금 청구가 가능한 경우와 사고가 많다.

많은 사람들이 사고가 발생하고 나서야 부랴부랴 보험증권을 찾아본다.

그제서야 보험이 없다는 것을 알거나 부족하게 가입하였기에 충분한 보장을 받을 수 없거나 많은 보험을 가지고 있지만 보험금 청구가 안 된다는 것을 알고 나서야 아쉬워하며 후회한다.

하지만 많은 사람들이 본인이 가입한 보험이 없지만 보상을 받을 수 있다는 사실을 의외로 모르고 있는 경우가 많다.

만약 상가 건물에서 청소 후 젖은 복도에서 넘어지는 사고로 병원치료를 받고 있는데 가입한 보험이 없다면 난감해질 수 있다.

하지만 본인이 개인보험가입이 안 되어 있다고 해도 상가 건물의 건물주에게 배상책임을 청구할 수 있고 건물주가 가입해 놓은 배상책임보험으로 사고에 대한 보상 혜택을 받을 수 있다.

건물주에게 직접 청구하여 보험회사에 접수시켜도 되고 건물주에게 가입된 보험회사를 알아보고 본인이 직접 보험회사에 보험금을 청구할 수도 있다.

즉 타인의 행위로 인해 다쳤을 경우에 가해자가 가입해 놓은 배상책임보험으로 보상을 받을 수 있다.

이 배상책임보험은 법에서 강제로 의무적으로 가입시켜 놓은 것도 있고 책임보험의 가입 한도를 넘는 사고 발생 확률이 높아서 법적으로 책임을 갖는 당사자가 스스로의 법적 책임을 전가하거나 경감하기 위해서 가입해 놓을 수도 있다.

배상책임의 예로는 시설물배상책임보험, 영업배상책임보험, 일상생활배상책임보험, 의료인배상책임보험, 놀이시설배상책임보험, 목욕탕배상책임보험, 생산물배상책임보험, 지자체배상책임보험, 철도지하철배상책임보험, 수영장배상책임보험 등 많은 종류의 배상책임보험이 있다.

"ㅇㅇㅇ배상책임보험"의 앞머리에서 짐작하듯 다

양한 곳에서 사고를 대비하여 배상책임 보험을 가입하고 있기 때문에 사고 발생 시 본인이 가입한 보험이 없다고 해도 포기하지 말고 보상이 가능한지 알아보아야 한다.

또한 우리나라 국민이라면 누구나 동사무소장애를 신청하여 보상을 받을 수 있고 국민연금을 납부하고 있다면 국민연금공단에서 국민연금장애를 신청하여 보상을 받을 수 있다. 군인/경찰/군무원일 경우 사고가 나면 개인보험과 더불어 단체보험과 보훈장애를 신청하여 국가에서 보상을 받을 수 있다.

12 "잊지말자 단체보험" 눈 부릅뜨면 잠자는 보험금을 청구할 수도 있다.

회사에서 직원들의 복지후생을 위해서 보장성 보험으로 단체보험을 가입하고 있는 경우에는 회사와 보험사간 계약이므로 직원들은 가입여부와 보장내용을 모르는 경우가 있다.

직장에 근무하면서 즐거운 일중에 하나가 월급날을 기다리는 것이 아닐까? 그러나 월급에서 4대 보험료를 제하고 입금되기에 늘 혜택도 못 받는데 보험료만 빼간다는 아쉬움이 있을 수 있다.

하지만 직장근무 중 언제 일어날지 모르는 사고를 당하면 그동안 돈만 빼내갔던 4대 보험에서 많은 혜택을 받게 된다. 그 중에 중요한 역할을 하는 것이 산재보상이며 산재보험은 근로자가 다니는 회사에서 보험료를 납부해야 하는 국가에서 하는 공보험이다.

그러나 단체보험은 가입해도 되고 하지 않아도 되는 사적 보험의 영역이고 각자 다니는 회사에서 직원들의 복리후생을 위하여 보험회사에 가입하기 때문에 다니는 회사의 총무부나 인사부에서 가입한 단체보험의 보장 내용을 문의해보아야 한다.

모든 회사가 단체보험을 가입하고 있는 것도 아니고 일년 단위로 가입하기에 매년 가입하고 있는지에 대해 각자가 확인해야 한다.

단체보험은 꼭 회사만 가입하고 있는 것이 아니고 공무원은 정부에서, 경찰은 경찰청에서, 군의 하사관 이상 장교는 각각 육군, 해군, 공군본부에서 그리고 소방관은 지방차치단체에서 각자의 형편에 맞게 단체보험을 가입하고 있다.

그래서 사고가 나면 개인이 가입해 놓은 보험에서 보상을 받고 직원들을 위해 가입해놓은 단체보험에서도 보상을 받을 수 있다.

특히 본인뿐만 아니라 가족이나 배우자가 보험사고가 났을 때 보상이 가능한 특약이 있으면 배우자나 가족도 보험금 보상이 가능하므로 본인이 근무하는 곳에서 단체보험을 가입하고 있는가를 확인하는 것도 스스로의 권리를 지키는 길이다.

또한 회사의 단체보험의 경우 일부의 기업주가 수익자를 대표이사로 해놓은 경우가 있어서 직원이 다치거나 사망할 경우에 수익자가 회사가 되는 경우도 종종 있다. 이런 경우에 회사가 보험금을 수령하고 직원이나 유가족에 보험금을 지급하지 않는 경우도 종종 있으니 꼭 회사단체보험의 경우 보험수익자가 누구로 되어있는지 꼭 확인해보는 것이 중요하다.

13 "보험이 실효됐다." 그러나 보험금을 청구할 수도 있다.

본인이 가입한 보험이 실효가 되었다고 해도 보험금 청구가 가능할 수도 있으며 보험회사에게 실효확인을 요청한다.

보험 가입을 하면 계약자인 고객은 보험료를 납부하기로 한 날에 보험료를 납입할 의무가 있고 보험회사는 보험료 납입을 계속하고 있는 고객에게 보험사고가 발생하면 해당 계약에 맞게 보험금을 지급해야 하는 의무가 있다.

그런데 고객이 두 달 연속하여 보험료를 납입하지 않으면 이 보험 계약은 고객과 보험회사가 상대방에게 해야 하는 권리와 의무가 사라지게 된다.

즉 고객이 2개월 연속 보험료 납입을 하지 않으면 3개월째 되는 첫 날 이후에 발생하는 보험사고에 대하여는 보험회사가 보험금을 보상할 의무가 없어진다.

이런 상태를 보험이 "실효" 상태라고 한다.

그러면 "실효" 상태가 법적으로 완성되어서 보험회사가 고객에 대한 의무가 소멸되려면 보험회사가 고객에게 필수적으로 해야 하는 법적 행위가 있다.

보험회사가 고객을 대상으로 실효를 주장하려면 첫 번째 보험료 미납으로 실효가 되기 전 14일 전에 보험회사는 고객에게 납입최고통지를 하여야 한다. 그리고 두 번째 실효가 되면 지체 없이 고객에게 실효안내를 해야 한다.

예를 들면 4월 1일 실효가 됐다면 2월과 3월, 고객이 보험료를 보험회사로 납입하지 않은 상태이고 보험회사가 주장하는 실효가 완성되려면 첫 번째, 4월 1일 기준으로 14일 전에 고객에게 보험료 납입최고통지(실효최고)를 하여야 하고 두 번째, 실효된 4월 1일 이후 지체 없이 고객에게 실효 안내를 해야 한다.

그런데 고객에게 전달하는 납입최고통지(실효최고)는 방법상에 법이 허락한 방법 안에서만 이루어져야 한다. 그래야 법적 효력이 발생한다.

법이 정한 방법은 3가지 중에 하나의 방법으로 고객에게 납입최고통지(실효최고) 와 실효 통보를 해야 한다.

첫 번째 등기우편 전달이다.

두 번째 전자우편으로 전달이다.

세 번째 전화 녹취이다.

약관에서 볼 수 있듯이 이 세 가지 방법 중 한 가지 방법으로 고객에게 전달되어야 법에서 요구한 실효의 요건이 완성되어 고객으로부터 대항할 수 있다.

더 구체적으로 등기우편은 가족 중 미성년 자녀나 이웃이 전달받은 것은 고객에게 전달된 것으로 인정하지 않는다. 아파트 단지의 경비아저씨가 받은 것은 인정된다.

또한 전자우편(e-mail) 도착 후 전자우편을 열어보지 않았다면 고객에게 전달된 것이 아니다. 그리고 녹취는 전달 내용인 납입최고통지(실효최고)와 실효통보에 대한 내용을 정확히 이야기하고 고객이 인지한 목소리가 녹음되어야 전달된 것이다.

마지막으로 보험료 납입최고통지(실효최고)가 정확히 고객에게 전달되었다는 입증 책임은 고객이 아닌 보험회사에 있다.

만일 실효여부의 확인을 고객이 요청하면 그 입증 책임은 보험회사에 있는 것이다.

14 진단금이 지급되는 보험금은 진단서 내용을 다시 확인한다.

진단금이 지급되는 뇌졸중, 암, 중대한 질병 등은 진단서 내용이 맞는지 확인하여야 한다.

한국표준질병·사인분류 개정 연혁

구분	고시일자	시행일자
제 1차 개정	1972. 10. 26.	1973. 01. 01.
제 2차 개정	1979. 01. 01.	1979. 01. 01.
제 3차 개정	1993. 11. 20.	1995. 01. 01.
제 4차 개정	2002. 07. 23.	2003. 01. 01.
제 5차 개정	2007. 07. 02.	2008. 01. 01.
제 6차 개정	2010. 01. 01.	2011. 01. 01.

위에서 보듯이 의사들이 사용하는 한국표준질병-사인분류는 1952년 11월 제정 이후로 6번 개정되었고 현재의 의사들은 통계청에서 발표한 6차 한국표준질병-사인분류 코딩 지침서의 내용에 맞게 진단서를 발급한다.

그러면 왜 진단서 내용을 확인해야 하나?

만약 어느 질병이 6차 한국표준질병-사인분류로 변경되기 전에는 암으로 인정하여 암에 준한 질병 코딩하였는데 2011년 이후 6차에서는 경계성 종양 코드로 변경되어 코딩이 변경되었다면 2014년에 환자를 진료한 의사는 어떻게 코딩할까?

만약 고객이 2011년도 이전에 암 진단금 3,000만원을 보상받는 보험을 가입하고 있었고 2014년도 10월 검사에서 경계성 종양 판정을 받았다. 그러나 2011년 1월 1일 이전 5차 한국표준질병-사인분류에는 암으로 인정하여 암 코딩 되었다면 단순하게 이 고객은 암 진단금 3,000만원에 암 수술비와 암 입원비까지 대략 4,000만원이 넘는 보험금을 지급받을 수 있는데 받지 못하는 결과가 생긴다.

그래서 첫 번째 진단금이 나오는 항목에 해당하는 질병은 진단서 내용과 질병코드표를 확인할 필요가 있다.

두 번째 조직 검사 결과지 내용을 확인해야 한다.

우리나라 복지도 많이 발달하여 건강보험공단이나 회사 그리고 개인들이 무료나 저렴한 가격으로 건강검진을 받고 있다.

이렇게 건강검진을 받다가 우연히 이상 조직인 종양을 발견하면 즉시 제거하고 종양의 일부를 떼어

내서 그 종양의 조직이 악성인지 양성인지 검사를 한다.

특히 대장 내시경 검사 시 대장용정 제거 후 조직 검사를 하는 경우가 많다.

조직검사 결과도 한국표준질병-사인분류 코딩 지침서에 맞게 코딩하는데 여기에서 원치 않는 오류가 생긴다. 즉 의사가 한국표준질병-사인분류를 착오에 의하거나 아니면 단순한 오류에 의하여 잘못 코딩되는 경우가 있다.

의사는 신이 아니다. 또한 의사들은 환자의 질병을 치료하는데 모든 관심을 갖고 있지 행정 업무에 속하는 진단서 발급에는 집중도가 현저히 떨어질 수 있다.

그래서 모든 질병에 대한 진단서 내용을 전문가에게 확인할 수는 없지만 고액의 진단금이 지급될 수 있는 질병군에 관해서는 진단서 발급을 한 번 더 확인하는 것이 스스로의 권리를 지키는 길이다.

15 의료 과실이 의심 된다면?

> 병원에 질병이든 재해이든 치료 중에 의료과실이 의심된다면 병원 측에 의무기록에 대한 복사를 즉시 요청해야 한다.

진료기록의 종류는 아래와 같은 것들이 있다.

내원 및 진찰과정	수술과정	치료과정
· 응급실기록지 · 응급실간호기록지 · 협의진료기록지 · 검사결과지 · 방사선 영상 기록	· 수술기록지 · 마취기록지 · 수술요약기록지	· 경과기록지 · 의사지시기록지 · 간호기록지 · 병력기록지 · 활력징후기록지 · 입퇴원기록지 · 퇴원요약지 · 투약일지

※각 병원마다 구체적인 명칭이나 종류는 차이가 있으므로 진료기록부의 사본 교부를 신청할 때에는 반드시 전부의 발급을 요청하시는 것이 중요하다.

삶을 살아가면서 병원 한번 가지 않고 장수하는 것이 모두의 꿈일 것이다.

하지만 본인의 의지와 상관없이 병원 신세를 지게 될 수 있고 입원하여 치료하고 완치되어 퇴원하면 다시 건강한 삶을 살아가면 되지만 예상하지 않게 의사들의 실수에 의한 의료사고로 원치 않는 상황이 생길 수도 있다.

이렇게 병원의 의료과실이 의심된다면 그 의료과실을 입증하기 위해서 환자나 환자 가족이 제일 먼저 해야 할 일은 환자가 병원에 도착하여 의료사고가 의심되는 그 순간까지 병원에서 작성된 환자의 모든 의무 기록을 보관해야 한다.

특히 초진의료차트와 의무기록 전부에 대하여 사본요청하는 것이 중요하다.

의사는 신이 아니며 노동 강도가 센 직종이기 때문에 환경적으로 실수를 할 수 있고 또한 병원에는 모두 다 전문의만 있는 것이 아니라 인턴이나 레지던트처럼 학생이나 수련의사도 있기 때문에 늘 의료 사고의 발생은 공존하는 것이다.

만약 그런 일이야 있어서는 안되지만 의료사고가 발생하고 병원 측에서 의도적으로 의무기록을 수정한다면 의사의 과실에 대한 부분을 입증하기가 매우 힘들다. 특히 의무기록지의 내용이 그들만 알 수 있는 의학용어와 약어 중심으로 쓰여져 있기 때문이다.

특히 의료사고는 병원에게 배상책임을 묻는 것도 중요하지만 의료 사고를 증명하여 개인이 가입하고 있는 생명보험이나 손해보험, 단체보험 등에서 병원의 배상책임과는 별개로 추가 보상이 가능하기 때문에 매우 중요하다.

예를 들면 교통사고로 병원에서 수술 중 의료사고가 발생하여 다친 반대쪽 멀쩡한 다리를 절단하였다면 병원에 의료과실에 대한 배상책임을 물을 수 있다.

그리고 환자 본인이 가입해 놓은 개인 보험에서도 보상이 가능하다. 이 경우 의료사고는 재해에 해당되며 후유장해금을 청구할 수도 있다.

장해 특약이 1억이 가입되어 있다면 보험회사에서 보상하는 장해분류표에서 한 다리의 발목이상 절단되면 장해에 해당되며 발목이상 절단은 후유장해 60%에 해당하는 보험금 6,000만원과 보험료 납입면제 혜택을 받게 된다.

보험료 납입면제는 보험을 가입한 고객이 이후 보험료 납입을 면제받을 뿐 아니라 남아있는 납입기간 동안은 보험회사에서 고객을 대신하여 보험료를 납입하여 주므로 납입면제 후 시간이 지남에 따라 해약환급금도 늘어나게 되고 만기에는 만기 환급금도 늘어난다.

늘어난 해약환급금를 담보로 약관대출을 받을 수도 있고 중도 인출기능이 있으면 늘어난 만큼 중도 인출금도 늘어나는 혜택이 있다.

솔로몬 왕의 암보험

현대 사회는 3명중 1명이 암으로 사망하는 시대이다. 우리 주변을 보아도 암환자가 한두 명씩은 꼭 있을 것이다. 암에 걸리고 난 후 경제적인 고통에 힘들어 하는 경우가 많다. 특히 암은 가족력이 뚜렷이 입증된 질병이므로 가족력이 있다면 충분한 보장을 준비하여야 하며 정기적으로 검진을 통해 체크하기 바란다. 전문가들은 일반적으로 본인을 기준으로 위로 아버지, 할아버지 아래로는 자녀까지 4세대에 같은 종류의 암으로 2명이상 발병하면 암 가족력이 있다고 본다.

암보험의 보장은 2차암, 고액암, 실버암보장 등이 있으며 발생빈도가 높아 보험회사 입장에서는 손실이 큰 보험이기도 하다. 그래서 보험금 지급에 있어서 분쟁이 발생하는 경우가 많이 생기고 있으니 보상전문 FC의 컨설팅을 받아보기 바란다.

1) 일반암은 본인이 가입한 암 보험 진단금 100%를 받을 수 있다.

반면 소액암(피부암, 경계성종양, 상피내암, 갑상선암), (방광암, 유방암, 자궁암, 난소암) 등은 암 진단금의 10~20%밖에 보상받지 못한다.

보험 가입시기와 조직검사지의 내용에 따라 100%도 보상 가능할 수도 있다. 특히 이 부분에 대해서는 보상전문 FC의 도움이 절대적으로 필요하다. 왜냐하면 보험금의 차이가 몇 천 만원이상 발생하기 때문이다.

차이가 나는 이유 중에 하나는 암의 질병 코드가 변하기 때문이다. 의학의 진료 기술과 진단 기술의 발달로 이전에는 암으로 진단했지만 현재는 경계성종양으로 진단하는 경우도 있고 보험회사에서 암 보험금 보장 기준을 변경하여 인지하지 못한 고객이 손해를 보는 경우도 있다.

2) 암 보험료 납입 방법에는 갱신형과 비갱신형이 있다.

본인의 경제적 상황과 가족력 상황에 따라 장단점이 있으니 주의 깊게 검토하기 바란다.

3) 암 보험 상품은 암 보장 금액, 보장 기간, 납입 면제 혜택 등을 고려해야 한다.

본인의 생활 식습관, 가족력, 작업 환경 등을 고려하여 보장 금액을 고려할 수 있는데 생명보험과 손해보험을 통해 복합적으로 설계하면 큰 보장을 준비할 수 있다. 보장기간과 보험료는 비례하므로 본인의 경제적 상황을 고려하기 바라며 암 진단을 받았을 경우 납입면제 혜택이 어느 부분까지 가능한지에 대해 꼼꼼히 체크하기 바란다.

우리의 미래는 분명히 초고령화 사회에서 평균적으로 장수할 것이며 그로 인해 암은 누구나 걸릴 확률이 높은 질병이 됐다.

암 치료 후 5년 생존율이 60%를 넘어 점점 높아지고 있고 실제로 중립자 가속기처럼 새로운 의료기술의 발달로 전립선암과 간암의 경우 100% 치료율을 보인다고 한다.

기타 다른 암도 갈수록 정복되고 있다. 장수 시대에 암보험은 선택이 아니라 필수이며 특히 암에 대해 가족력이나 유전력이 있으면 보상전문 FC와 상담을 통해 맞춤 컨설팅을 받아보기 바란다.

내 보험 100% 활용하기

chapter 4

16 후유장해진단서 언제 발급받아야 하나?

절단장해, 인공관절치환, 혈액투석, 척추고정술 등을 한 사실이 있다면 일반진단서로도 후유장애보험금 청구가 가능하다.

사고로 인하여 장해가 생기고 장해가 고착되면 의사의 후유장해진단으로 보험회사의 장해분류표에 해당되는 보험금을 청구하여 지급받을 수 있다.

그러면 언제 의사에게 후유장해진단을 요청해야 하는지의 절차가 문제된다.

후유장해는 재해일로부터 180일 이내에 확정되지 않은 경우이든 확정된 경우이든 재해일로부터 180일이 되는 날에 의사 진단에 기초하여 고정될 것으로 인정되는 상태를 장해지급률로 결정한다.

때문에 재해일로부터 180일 이후 의사에게 후유장해 진단을 요청하면 된다.

후유장해진단서 발급수수료는 일반 진단비 발급수수료에 비해 고가이다.

병원마다 차이는 있지만 후유장해진단서의 발급비용은 10~30만원 가량 된다.

그러나 손가락, 발가락 절단, 관절절단, 인공관절치환술, 혈액투석, 척추의 금속고정술상태는 10~30만원 가량 발생되는 후유장해진단서를 발급받지 않아도 일반진단서로 후유장해진단서를 대체 가능하다. 또한 사고일로부터 6개월이 경과될 필요가 없으며 수술 및 시행일자가 장해진단시점이 된다.

즉 보험회사에 일반진단서를 제출해도 된다.

일반진단서로 수술비, 입원비, 장해진단금, 납입면제가 모두 가능하다.

왜냐하면 손가락, 발가락 절단, 관절절단, 인공관절치환술, 혈액투석, 척추의 금속고정술상태는 수술 즉시 영구장해가 남기 때문에 장해가 고착되기까지 기다릴 필요가 없기 때문이다.

재해일로 180일이 지나서 의사에게 후유장해진단을 받았지만 그 후 동일 질병이나 동일 재해를 원인으로 장해가 더욱 심해졌다면 추가 장해진단을 받을 수 있고 물론 추가적으로 보험회사로부터 보상을 받을 수도 있다.

17 보험금 청구가 최선은 아니다.

> 사고가 발생하였다고 해서 모두 보험금을 청구하면 안 된다. 때에 따라서는 보험금 미청구가 답이다.

보험회사가 고객의 동의를 얻지 아니하고 보험회사 자의적 행동을 할 수 있는 가장 강력한 권한 중 하나가 보험 해지 권한이다.

보험회사가 이 해지권한을 행사하는 이유 중에 하나가 고객의 고지의무 위반이다.

보험가입 시 고객 자신도 모르게 고지위반을 하는 경우가 왕왕 있다. 고객의 고의든 아니든 이 사실을 보험회사가 알게 된다면 보험회사가 이 사실을 안 날로부터 1개월 안에 보험계약을 고객의 동의 없이 자의적인 판단으로 해지시킬 수 있는 법적 권한이 있다.

특히 고지대상인 계속적 치료, 복약에서 계속적 이란 단어의 의미를 FC나 고객이 자의적으로 해석하면 이것으로 고객에게 원치 않는 결과를 초래한다. "계속하여 30일 이상 약 복용"의 의미는 약 처방이 처음 병원 간 날에 의사가 30일치 처방전을 주었다면 당연히 해당되지만 또한 한 질병으로 치료가 완전히 끝날 때까지 약 처방일자를 합친 개념도 이에 해당된다. 즉 한 질병 치료에서 완료까지인 6개월 동안 띄엄띄엄 약 처방이 30일 넘으면 이것 또한 계속적 30일 약 복용한 사실에 해당된다.

이렇게 고객이 계속적인 의미를 정확히 몰라서 선의의 잘못으로 고지위반을 하였다고 해도 보험회사가 그 계약을 강제 해지할 수 있고 고객은 보험회사에게 대항할 수 없다.

그러면 보험회사가 언제까지나 강제로 해지시킬 수 있을까? 즉 무한정 강제 해지가 가능할까?

일단 고지위반으로 무한정 강제 해지시킬 수는 없다.

보통 보험회사에 보험계약을 할 때 보험회사가 피보험자에게 일정 건강검진을 요구하는 경우가 있고 이렇게 건강검진을 통과해야 가입이 가능한 계약을 진사계약(진단계약)이라고 하며 보험금 지급 사유가 발생하지 않은 진사계약의 고지위반 시 강제해지는 진단계약일로부터 1년간 행사할 수 있고 그리고 1년이 지나면 보험회사는 고지 위반한 사유가 보험금 청구 사유와 인과관계가 없으면 청구 보험금을 주어야 한다.

진단계약이 아닌 일반적인 계약은 보험금지급사유가 발생하지 아니하고 계약일로부터 2년이 경과되면 고객의 고지위반으로 강제로 해지를 할 수 없다.

그러나 만약 계약일 이후 2년 안에 보험금 지급 사유가 발생하였다면 보험회사는 고지 위반한 사유가 보험금 청구 사유와 인과관계가 없으면 청구 보험금을 주어야 한다. 반면 계약은 해지할 수 있다.

계약일로부터 3년이 경과되면 고지 위반한 사고이든 아니든 모든 보험금 청구에 응해야 하며 고지위반으로 보험회사가 강제로 해지할 수도 없다.

여기서 보험금 지급사유란 고객 본인의 신청으로 보험회사 측으로부터 보험금을 지급받은 사실만을 이야기하는 것이 아니고 예를 들면 감기약 처방으로 10,100원 병원비가 발생되어서 자기부담금 10,000원 제하고 발생한 단돈 100원도 보험금 지급사유에 해당된다. 보험금 지급사유로 발생한 100원을 보험회사에 청구했던 청구하지 않았던 상관없이 보험금 100원이 지급사유가 발생한 것으로 본다.

가입 전에 선의로 미쳐 보험회사측에 고지하지 못한 병력 또는 기타사항들이 있다면 소액 건에 한해 청구를 하지 않는 방법도 현명한 방법일 수 있다.

보험금 청구로 인하여 보험 회사에서 조사가 나오고 보험금 지급을 위해서 조사 중에 가입 전 병력 또는 기타사항이 확인될 경우 계약해지가 될 수 있고 추후 보험가입이 어려워질 수도 아예 보험 가입이 불가할 수도 있다.

보험을 들어놓았다고 해서 보험금 청구가 능사는 아니다.

이는 현재도 중요하지만 미래를 생각했을 때 본인에게 유리하게 대처하는 것이 현명한 고객이라 하겠다.

18 보험금 청구는 언제까지 해야 하나?

> 보험사고 발생 시 보험금 청구권 소멸시효로 인해 보험금 청구가 되지 않는다면?

보험사고가 발생했지만 보험금을 청구하지 못한 경우가 있다. 보험금 청구를 할 수 있는지 자체를 아예 몰랐거나 보험금 청구가 가능한지는 알았지만 본인의 실수로 청구를 못한 경우가 있다.

본인의 부주의로 보험금 청구를 못하고 3년이 지났다고 포기하지 말고 어차피 포기하고 있었던 거니까 밑져야 본전이라고 생각하고 3년이 지나서 못 받은 지난 보험금을 청구해보자.

보험회사별로 차이는 있지만 3년이 지난 보험금의 청구요청이 접수되면 지급하는 보험회사도 있고 3년이 지나서 보험금 청구권이 소멸되었다고 절대 주지 않는 보험회사도 있다.

경험에 의하면 생명보험 회사의 몇몇 회사는 지급을 하고 손해 보험회사들 중에는 지급하지 않는 회사가 많다.

보험금청구권은 보험금 청구 권리를 행사할 수 있을 때부터 시작되며 보험금청구 권리를 행사할 수 있는 기산점(만료점에 대하여 기간의 계산이 시작되는 시점)이 되는 날부터 3년 안에 행사하면 된다.

수술, 진단, 의료비, 입원, 골절은 진단받거나 시행한 날이 보험금 청구의 기산점이 시작되어 3년 안에 언제든지 보험금을 청구하면 된다.

하지만 사고나 질병 치료 후에 남게 되는 장해의 경우 3년이 넘었어도 장해진단을 받은 날이 보험금 청구의 기산점이 되므로 후유장해보험금 청구권 소멸의 기산점은 다친 날이 아니며 의사의 후유장해진단이 발급되는 날이다.

다친 날이 3년이 지났다고 해도 후유장해진단서를 처음 발급받은 날로부터 시작하여 3년 안에 청구할 수 있다.

사망도 마찬가지이다. 사망 당시에는 질병사망인 줄 알았는데 3년이 경과된 이후에 재해(상해)사망으로 인지했을 경우에도 청구가 가능하다.

사망 당시에는 자살인줄 알았는데 3년이 경과된

이후에 심신상실 상태에서 자기 자신을 해친 것으로 인지했을 경우에도 청구가 가능하다.

또한 보험금 청구 당시 보험회사에서 고객에게 잘못된 내용을 안내하였거나 보험금이 약관의 내용과 다르게 지급되었다면 보험금 청구권 소멸시효는 완성되지 않기 때문에 언제든지 재청구가 가능하다.

참고로 병원에서 발생한 의료 사고의 배상책임의 소멸시효는 3년이고, 산재 사고의 산재보험 청구권 소멸시효도 3년이다.

중요하게 잊지 말아야 하는 것은 2015년 3월 12일 이후 보험사고 발생 분부터는 보험금청구권 소멸시효가 3년으로 늘어난다.
(상법개정)

19 보험회사로부터 합의 요청을 받았다.

보험회사가 보험금 지급에 대하여 합의를 요청할 경우 합의의 권한이 있는 자인지 확인하여야 한다.

보험회사로부터 보험금 지급과 관련하여 조정에 대한 합의요청이 들어올 경우가 있다.

우리가 잘 알고 있는 자동차 사고 시 보험회사의 직원이 방문하여 사고 조사와 더불어 보험금 합의를 종용하는 것을 주위에서 경험했을 것이다.

이런 경향 때문인지 현재는 정액보험(보험사고가 발생하였을 때 지급할 보험금액이 미리 계약 시에 정해져 있는 보험)인 생명보험회사에서도 보험금 지급에 관하여 합의를 고객에게 요청하는 경우가 빈번하다.

또한 보험회사가 고객과의 보험금 지급에 관해 분쟁을 조기에 종료하고자 합의를 시도하는 경우가 있다.

합의를 누가 먼저 주장하는지를 확인하여야 한다.

보험금 지급과 관련하여 합의를 할 수 있는 자는 보험회사에 소속된 심사직원, 변호사, 수익자 본인만이 가능하다.

그 이외에 보험회사 입장에서 일하는 손해사정업체, 자회사 직원, 변호사 사무장, 고객의 입장에서 일하는 손해사정사와 손해사정사무원 모두 합의를 하게 되면 합의 무효가 되며 변호사법 위반으로 처벌받게 된다.

합의의 권한이 없는 자가 합의를 요청할 경우에는 녹음을 하든지 문서로 남기든지 그 증거를 남겨두어야 향후 불이익을 당하지 않을 수 있다.

20 자동차 사고 현장 대처요령

자동차 사고 후 정당한 보상을 받으려면 사고 초동 대처 요령이 중요하다.

교통사고가 발생하면 발생 시 사고 대처 결과에 따라서 향후에 보험금 지급에 지대한 영향을 끼치는 경우가 많다. 그래서 자동차사고 시에는 이것만은 꼭 알아두자.

1) 상대방 운전자의 얼굴을 기억한다.

사고 발생 후 하차하여 상대방에게 운전면허증을 건네고 상대방 면허증을 핸드폰으로 찍어두고 상대방 차량의 동승자 여부를 확인한다.

만약에 상대방 운전자가 무면허 운전으로 운전자 바꿔치기나 음주운전 등 결격사유가 있을 경우에 대비하여야 한다.

2) 현장사진과 목격자를 확보한다.

요즘은 많은 차량들이 차량용 블랙박스가 있지만, 없다면 사고 즉시 스마트폰으로 동영상을 찍어야 한다. 찍어둔 동영상에 목격자로 증인이 되어줄 수 있는 지나가는 차량번호나 CCTV 위치 등이 본인에게 유리한 증거가 된다. 가능하면 목격자를 확보하고 전화번호를 받아두자. 이는 나중에 자동차 사고에 대한 과실분쟁 시 정확한 과실적용을 받을 수 있는 증거가 된다.

3) 상대방 운전자나 피해자의 인적 사항을 확인한다.

사고가 발생하면 반드시 명함이나 연락처를 주고받는다. 피해자가 괜찮다고 그냥 가라고 해서 그냥 갔다가는 뺑소니로 신고 당하면 형사 처벌을 받을 수 있다.

만약 미처 연락처 교환 없이 헤어졌다면 특히 인사사고일 경우 즉시 본인이 112에 전화로 신고하여 사고경위를 남겨 놓아야 형사 처벌을 면할 수 있다.

4) 상대방 운전자나 피해자가 과실을 인정할 경우 스마트폰으로 녹음한다.

사고 현장에서 본인의 과실을 인정하였더라도 헤어진 후 서로의 조력자의 영향으로 본인 과실을 번복하고 딴 말을 하는 경우가 비일비재하다.

블랙박스 동영상을 확보하지 못했다면 특히 과실을 인정할 때 녹음하여 두는 것이 유리하다.

솔로몬 왕의 태아, 어린이 보험

사랑하는 아이가 태어나면 가족들에게는 정말 신의 축복이다. 그런데 축하와 함께 산모와 아이의 건강이 무척 걱정이 되었던 기억이 있을 것이다.

강의에 나가서 첫 아이를 임신했을 때 무엇이 가장 걱정됐나요? 하고 질문을 던지면 100명이면 100명 다 손가락, 발가락 10개 다 있고 건강하게 태어났으면 하는 바람이 가장 컸다고들 공통적으로 대답한다.

태아보험이란 출산 전 태아에게 일어날 위험을 보장하며 임신부터 출산 전에 가입한다. 환경적인 요인과 특히 산모의 고령화 등으로 인해 신생아의 원인모를 선천적 질병, 기형아 출산 등 위험이 높아지고 있는 시대이므로 꼭 필요한 보험이다.

어린이보험이란 내 소중한 자녀가 태어나서 성인이 되기 전 암과 각종 질병 및 상해 병원비용과 자녀의 일상생활 중 발생할 수 있는 각종 위험, 배상책임 등을 보장해 주는 보험이다. 태아 때 가입하면 출산 후 자동적으로 어린이 보험으로 변경이 된다.

1) 태아보험은 가입시기가 있다.

일부 회사를 제외하고는 임신한 사실을 알게 된 후부터 가입이 가능하다. 임신 중 초음파검사 및 기타 검사를 통해 태아의 이상 징후가 발생하면 가입할 수 없으며 산모가 임신성 당뇨가 있는 경우 가입이 어렵다. 따라서 22주 안에는 반드시 가입하기 바란다.

만약 태아 때 가입하지 않았다면 출생 직후 질병이나 상해로 인한 치료에 대해 당연히 보장받지 못할 뿐 아니라 영원히 보험가입이 불가능할 수도 있다.

태아보험은 가입시기가 제한적이므로 임신 22주 이전에 가입해야 선천성 질병에 대한 보장을 받을 수 있으며 의료사고도 종종 발생하는데 그 부분에 대한 보장을 받을 수도 있다. 의료 사고는 가족의 고통과 그 의료사고 때문에 평생 고통 받게 되는 아이를 위하여서라도 의료 사고가 의심된다면 조기 대응을 신속 정확히 하여 진료기록 확보가 최우선이다. 의료사고로 인정받으면 태아보험이나 어린이 보험에서 장해로 인정받으므로 아이가 성장하는데 경제적으로 많은 도움을 받을 수 있다.

2) 태아보험은 보장을 크게 해야 한다.

임신 후 태아보험을 가입 시, 경제적으로 어렵다고 해도 아이와 가족을 위해 충분한 보장으로 가입 후 건강하게 출산하고 난 뒤 1년이 지난 시점에 부분 감액도 현명한 방법이다. 출산 후 1년은 자녀와 의사소통은 해야 선천적 장해를 알아 볼 수 있기에 이때까지만 집중 보상을 받고 이후 보장을 줄여서 위험을 헷지 하는 것도 좋은 방법이다.

3) 생명보험 + 손해보험 = 패키지 상품으로 가입하는 것이 유리하고 중복해서 가입해도 비례보상이 아닌 중복보상이 가능하다.
생명보험은 정액보상이라 보험 증권에 정해진 보장금액을 보장하며 소아암, 중대질병에 대해서는 보장금액이 큰 반면 손해보험은 실제 발생한 병원 치료비를 보장하는 보험이라 사소한 감기에서부터 큰 질병, 빈번히 발생하는 각종 상해사고 등에 대한 입원, 통원 치료비를 실비로 보장하는 상품이라 좋다. 그러므로 가입 시 태아 관련 특약을 꼼꼼히 살필 필요가 있다.

4) 보장기간은 길수록 유리하다.
태아(어린이)보험 상품은 100세 만기까지 가능하다. 태아 및 출산 후 성장 시 발생할 수 있는 각종 질병 및 상해 사고 등에 대해 한번 가입으로 100세까지 보장받을 수 있다. 자녀에 대한 경제적 부담을 덜 수도 있어서 좋다.
자녀의 성장기에 사고나 질병으로 인하여 보험 가입이 제한되거나 불가능한 상황이 발생할 수 있으므로 100세까지 보장받을 수 있는 상품이 유리하다.

내 보험 100% 활용하기

chapter 5

21 자동차 사고 언제 합의할 것인가?

> 자동차 사고 중 인사사고를 당했을 경우 보험회사와 합의는 무조건 충분한 치료 후에 합의를 하는 것이 원칙이다.

자동차 사고 후에 보험회사에서 조속한 합의를 원한다. 왜일까? 무슨 이유로 보험금을 주지 못해서 안달일까? 한번 생각해본 적 있는가? 일반적인 상식선에서 보험금을 미리 주면 보험회사가 손해 아닐까? 그 이유 중에 하나가 사고 후 과다한 치료비용 때문이다. 반대로 생각하면 우리는 치료에 신중을 기해야 한다.

인사사고 발생 시 경미한 사고라도 병원에서 치료를 반드시 받아두어야 한다.

추후에라도 각종 합병증 및 증상 악화 시 초진 진료내용이 보상에 중요한 역할을 한다.

큰 부상이 아니라고 본인이 짐작하지 말고 담당의사와 충분한 상담을 거쳐 치료 완료 후에 합의를 해도 된다.

보험회사와 합의를 본 후 추가적인 합병증이 발생하거나 예상치 못한 통증 등이 지속되어 치료를 받아야 한다면 보험회사는 추가 치료비 지급을 거절하거나 법적 대응까지 불사할 것이므로 보험회사와의 합의는 치료가 충분히 이루어진 후에 해도 늦지 않는다.

치료의 종결은 역시 본인이 판단하지 말고 주치의사와 충분히 상의한 후 소견에 따라 판단하는 것이 좋다.

보험회사와 합의는 병원비 지불보증 이후 2년 즉 마지막 치료 후에 2년 안에 합의하면 되므로 충분한 치료 후에 합의한다.

혹시 급한 일로 합의를 먼저 해버렸다면 합의 당시에 알 수 없었던 합병증이나 후유증으로 인한 합의취소 및 치료도 가능하긴 하나 분쟁의 소지가 있을 수 있기 때문에 합의 시에는 신중을 기해야 한다.

그리고 후유장해 진단은 사고 발생 후 180일이 지난 시점에서 가능하다. 재활치료를 통해 상태가 호전되어 장해율이 현저히 떨어지거나 아예 장해율이 나오지 않을 수도 있다. 그러므로 사고의 경중과 치료 경과를 지켜보면서 보상 전문가와 상담을 반드시 하기 바란다.

22 자동차 사고 보상도 본인의 권리이므로 본인이 찾아야 된다.

사고가 난 것을 되돌릴 수 없다면 완전한 치료와 충분한 보상이 현실적으로 중요하다.

사고 전 몸 상태로 가는 것은 의사가 해주는 일이지만 이미 발생한 사고이기에 충분한 보상은 스스로의 권리를 스스로 지킬 때만이 가능하다.

사고 발생 후 보상 차원에서만 본다면 인사사고 발생 후 통원치료보다 입원치료가 유리하다. 왜냐하면 입원 시만이 휴업손해액을 인정해주고 통원치료 시에는 휴업보상을 인정하지 않기 때문이며 인정되는 휴업보상은 인사사고를 당한 피해자 당사자의 소득과 연관이 있다.

즉 소득이 많으면 당연히 보상도 많기에 인정되는 소득 증명은 본인이 해야 한다.

도시 일용직 근로자의 평균 임금을 자동차 보험

에서는 월 190만원(매년 조정 인상됨) 정도로 인정한다.

우리나라 자영업에 종사하는 분들은 세금 문제 때문에 실제 소득보다 적게 신고하는 경향이 많고 급여 생활자의 인정소득은 각종 세금을 제한 금액을 기준으로 한다.

그러므로 보험회사의 보상과 직원이 도시 일용직 근로자의 소득으로 인정해주는 것도 나쁘지 않은 결과가 될 수도 있다.

본인의 소득자료 제출로 인정 소득이 많으면 보험금이 많다는 점을 기억하고 합법적으로 인정받을 수 있는 소득이 있으면 철저히 증명하여야 보상에서 손해가 없다.

또한 2~3주의 경미한 진단을 받았을 때 다른 사람과 합의금이 다를 수 있는 부분은 향후 통원치료비 명목밖에 없다. 이 부분에 대해서 합의할 때 어떻게 하느냐에 따라 합의금이 달라질 수 있다.

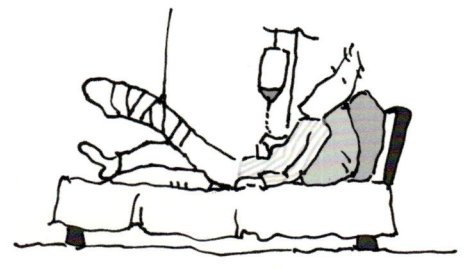

23 나의 과실 비율은?

자동차 사고, 배상책임에 따른 사고 등에서 가해자나 피해자 모두에게 과실 비율은 매우 중요하다.

사고 발생을 100% 사전에 막을 수는 없다. 하지만 사고 발생 후 배상 책임과 보상받을 권리에서 원치 않게 발생하는 억울한 결과는 사전의 예방으로 막을 수 있다.

자동차 보험사고에서만 과실여부가 중요한 게 아니라 일상생활에서 일어나는 많은 배상책임보험에서도 과실 비율은 중요하다.

낙상 사고로 척추 압박골절이 발생한 50대 남자에게 노화와 골다공증 등과 같은 비합리적인 상해 기여도를 내세워 보험금 지급을 삭감한 경우가 있다.

남성에게서 골다공증이 발생하지 않는 것은 아니

지만 매우 낮은 확률이고 혹 발생했다면 의료 기록으로 골다공증 확진 사실을 보험회사가 증명해야 한다.

그렇지 않고 50대라고 나이를 무조건 골다공증의 인자로 쓰는 것은 명백한 불합리이다.

자동차의 접촉사고 시에 과실 비율은 내가 보상받을 보험금의 차이를 낼 뿐만 아니라 과실비율 때문에 자동차보험 재가입 시 발생하는 보험료 할증에도 영향을 미친다.

폭력사고에서도 가해자와 피해자의 과실여부에 따라서 일상배상책임보험의 보상여부가 결정된다. 또한 화재사고 장소의 발화지점과 원인규명 즉 화재 발생의 관리 책임자 과실여부에 따라 주위로 번진 추가 화재 피해의 보상이 달라질 수도 있다.

우리가 익히 알고 있는 정액 보험인 생명 보험도 고객 과실 여부에 따라 정해진 보험금이 지급되는 보상보다 과실비율 보상하는 경우가 많아지고 있는 추세이다.

보험금 지급은 보험회사의 이익에 지대한 영향을 미치는 것이 현실이기에 보험과 보상 그리고 현행법의 지식이 부족한 일반인들에게는 배상 주체가 보험사이므로 정보의 비대칭 때문에 많은 불이익을 당하고 있는 것이 현실이다.

어떤 사고일지라도 가해자이든 피해자이든 과실 비율에 문제가 있다고 생각된다면 보상전문 FC와 전문가의 도움을 요청하는 것이 매우 바람직하다.

특히 우리 주위에서 자주 일어나는 자동차 사고의 과실 비율의 문제는 손해보험협회 홈페이지 소비자마당의 자동차보험안내에서 아주 기초적인 것만 확인하고 그래도 불확실한 것은 경찰이나 금융감독원(국번 없이 1332) 분쟁조정국에 도움을 청하기 바란다.

손해보험협회는 말 그대로 보상을 해주어야 하는 주체들의 모임이다. 객관성이 조금 더 확보될 수 있는 경찰이나 금융감독원의 도움을 받는 것도 현명한 방법이다.

24 자동차 사고 형사 합의 어떻게 해요?

자동차 사고 발생 후 형사 합의는 신중하게 하고 채권양도통지서를 받아 놓아야 한다.

자동차 사고 발생 시에 11대 중과실 사고 또는 사망사고, 뺑소니, 중상해 사고 등의 피해가 발생한 경우 가해자는 형사 처벌을 감면받기 위해서 피해자와 형사합의를 하게 된다.

가해 당사자 입장에서 최선을 다하여 합의에 응해야하겠지만 피해자 측에서 너무나 무리한 형사합의금을 요구한다면 전문가와 상의하여 형사합의금을 법원에 공탁하는 것으로 형사합의를 한 것과 같은 효과를 볼 수 있다.

반대로 피해자 측은 물론 원하지 않은 사고로 신체적 정신적 고통이야 이루 말 할 수 없지만 의사가 내린 진단 주수에 따라 무조건 형사합의를 요구할 수 있는 것이 아니다.

먼저 6주 이상의 중상해를 당했다고 생각되면 본인의 교통사고처리 담당경찰관에게 본인이 당한 교통사고가 중상해 사고에 해당되는지 먼저 확인하고 중상해 교통사고에 해당된다면 자동차 사고를 낸 가해자의 형사합의 요구에 준비하면 된다. 준비는 사고 대비 적정한 형사합의금을 미리 전문가와 상의하여 원만한 합의를 이룰 수 있게 사전 지식을 갖고 있으면 좋다.

일반적으로 법에서 말하는 중상해는 1) 인간의 생명 유지에 불가결한 뇌 또는 중요 장기에 대한 중대한 손상 2) 사지 절단 등 신체 중요부분의 상실. 중대변형 또는 시각, 청각, 언어, 생식 기능 등 중요한 신체 기능의 영구적 손실 3) 사고 후유증으로 인한 중증의 정신장애, 하반신 마비 등 완치 가능성이 없거나 희박한 중대한 질병처럼 중상해 교통사고는 전치 및 주진단을 가지고 하는 것이 아니라 생명의 위협을 느끼거나 신체의 기능을 영구히 상실하는 경우 등을 기준으로 하고 있다.

이렇게 가해자와 원만한 합의 후 중요한 것은 가해자에게 "채권양도통지서"를 받아서 가해자 이름으로 보험회사에 내용증명으로 보내야 한다.

통상 운전을 하시는 분들은 자동차 종합보험에

가입을 하기 마련인데, 이때 가해자는 추후 형사합의금에 대하여 종합보험에 가입한 보험회사에 형사합의금을 청구할 수 있는 권리를 피해자에게 양도한다는 내용이다.

채권양도통지서는 형사합의금을 가해자 보험회사에 민사합의금을 공제하지 않을 것을 약속하는 내용의 문서이기 때문에 나중에 병원에서 치료 후 보험회사와 최종적으로 보상에 합의할 때 보험회사로부터 받는 보험금의 손해가 없다.

형사합의서 및 채권양도통지서는 통상 형사합의서 3부, 채권양도통지서 3부를 작성한다. 그리고 형사합의서, 채권양도통지서 1부는 피해자가 보관하며, 나머지 형사합의서 2부와 채권양도통지서 2부를 가해자에게 주면 가해자는 형사합의서와 채권양도통지서 1부씩을 우체국에서 내용증명으로 보험회사에게 통지한다.

내용증명으로 보험회사에 통지 시 수령인 발송용, 우체국 보관용, 발송인 보관용 3부가 필요하다. 그러므로 가해자는 우체국 직원에게 2부씩 복사를 해달라고 해서 내용증명을 우편으로 발송해야 한다.

주의해야 할 점이라면 가해자 대신 피해자가 통지를 하는 경우도 통지인을 반드시 가해자로 해야 한다는 사실이다.

가해자가 책임보험만 가입한 차량이나 종합보험에서 면책사유에 해당하여 책임보험만 보상이 가능한 경우 본인이 가입한 자동차보험의 무보험자동차상해 담보로 처리해야 하는데 이런 경우 형사합의를 볼 경우 나중에 받을 합의금에서 형사합의금은 무조건 공제되니 이점도 꼭 알아 두어야 한다. 공탁금이 걸린 경우에는 무보험자동차상해뿐만 아니라 대인배상에서도 공제가 되니 형사합의를 볼 때 무리한 금액을 요구하거나 하여 공탁금이 걸리는 것은 피해야 하고 가해자가 11대 중과실 사고를 일으켰다고 하여 가해자가 반드시 형사합의를 하는 건 아니므로 가해자의 경제상황에 따라 잘 조율하여 형사합의를 하는 게 좋다.

> 참조
>
> **11대 중과실 사고**
>
>
>
> 1. 신호 및 지시위반
>
>
>
> 2. 중앙선 침범, 불법 U턴

3 속도위반(제한속도 20KM/H 초과)

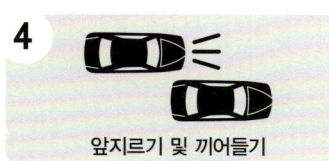
4 앞지르기 및 끼어들기

5 (철길) 건널목 통행법 위반

6 횡단보도 보행자 보호 위반

7 무면허 운전

8 음주운전 및 약물중독 운전

9 보도 침범 및 보도 횡단방법 위반

10 승객 추락방지의무 위반

11 어린이보호구역 내 어린이보호의무 위반

25 자동차사고 중 가장 큰 합의금 항목은?

자동차 사고 시 합의보험금 중에 영향을 미치는 가장 큰 항목은 상실 수익액이다.

상실 수익액(법에서는 일실이익)은 교통사고 등으로 인해 피해자가 사망하거나 장애가 발생한 경우 피해자가 사고를 당하지 않았을 경우 경제활동을 통해 얻을 수 있는 수익금액을 현재가치로 환산해서 배상해주는 금액을 말한다.

이에 대한 계산방법은 [월 소득 X 후유장해율(노동능력상실률) X 호프만 계수]를 곱하여 계산한다. 상실 수익액(일실이익)의 계산에는 월 소득과 후유장해율이 중요하다.

월 소득은 객관적으로 증명될 수 있어야 하는데 우리나라에서 사업을 운용하는 자는 국세청에 신고한 세법상 신고 소득이 보험회사에서 인정해주는 자료이고 급여 생활자라면 세법상의 관계증빙 서류로 월 소득을 증명하여야 그 금액을 인정받을 수 있다.

다만 월 소득액이 도시일용노임보다 작다면 최소한 도시일용노임은 받을 수 있다.

상실 수익액에서 가장 중요한 장해율(노동능력상실율)을 계산하게 되는데 일반적으로 신체감정을 통해 담당의사가 진단을 한 후 맥브라이드표의 장해율(노동능력상실율)로 평가한다.

그래서 상실 수익액 산정 시 소득증명과 함께 장해율이 보상의 크기를 좌우한다.

예를 들면 300만원 소득의 장해율이 10%일 때와 15%일 때는 상실 수익액 차이는 단순히 월로 보면 30만원, 45만원이지만 년 단위로 보면 360만원, 540만원이고 10년 단위로 보면 3600만원, 5400만원이 되어 상당히 큰 차이를 보일 수 있다. (상기의 예는 이해를 돕기 위한 산식에 해당하며, 실무에서는 호프만계수를 통해서 중간이자를 공제하여 산출함.)

장해 신청은 신중을 기해야 하고 전문가의 도움을 받는 것도 본인의 권리를 스스로 보호하는 것이 된다.

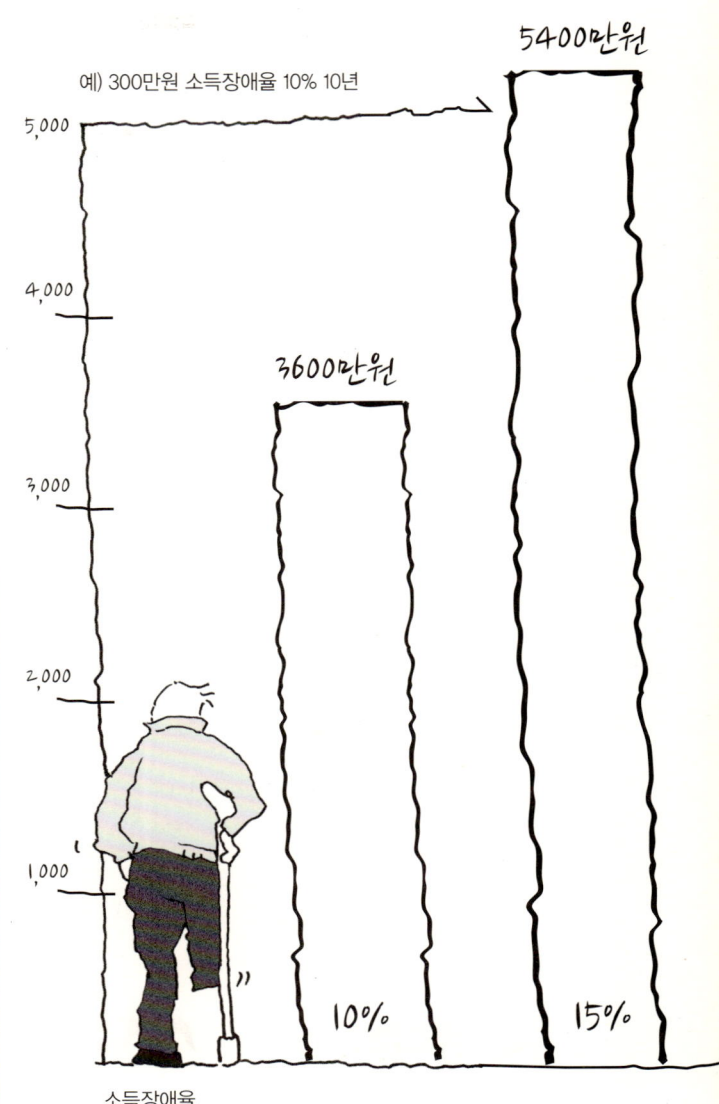

솔로몬 왕의 운전자 보험

자동차 사고로 중대법규 위반사고나 사망사고 등이 발생하면 운전자에게 많은 책임이 발생하게 된다. 자동차 보험으로는 민사적 책임이 가능하지만 형사적, 행정적 책임인 교통사고 처리 지원금, 벌금, 방어비용(변호사 선임비용), 중상해 교통사고 처리지원금 등은 자동차 보험을 가입했다 하더라도 보상받을 수 없다. 따라서 운전자 보험을 가입해 그 책임부분을 집중 대비해야 한다.

형사적 위험	의료비 보장	사망보장
교통사고 처리 지원금 벌금, 방어비용(변호사 선임비용) 중상해 교통사고 처리 지원금	상해입원시/통원의료비 일반상해 입원일당(1일 이상)	일반상해사망/ 교통상해사망

1) 100세까지 보장되는 상품이 유리하다.

운전자보험은 짧게는 3년, 5년, 10년 단위로 가입이 가능하나 초고령화 사회에서 신체 건강한 노령 인구가 늘어남에 따라 100세까지 운전을 하는 노인들이 증가할 전망이다. 우리나라보다 초고령화 사회에 먼저 진입한 미국, 일본 등 초고령화 사회에서는 노령 인구의 운전과 그에 따른 교통사고가 사회문제로 대두된 지가 오래다. 나이가 들면 운동반응신경이 늦어져 본인의 의지와 상관없이 교통사고가 발생할 수 있고 이렇게 발생한 사고는 상대방뿐만 아니라 운전한 노인도 사고에 비해 더 큰 부상을 당하게 되는 경우가 많아서 길게 보장되는 것이 유리하다. 또한 만기가 길수록 납입보험료 또한 저렴하게 가입할 수 있다.

2) 자기신체손해와 자동차 상해를 고려하여 가입해야 한다.

자기신체 손해는 보험사의 급수(1~14급)에 따라 치료가 제한될 수 있다. 반면 자동차 상해는 가입금액 한도까지 치료가 가능하고 과실에 상관없이 100% 선처리 되므로 유리하다.

3) 입원 일당과 후유장해 보상금 그리고 자동차 부상 위로금 등 보장 금액 체크가 중요하다.

사고발생 시 실질적인 금액 보상을 받을 수 있는 부분이므로 치료비와 손실액에 대한 보상뿐만 아니라 60세 이후 사고는 치료 후 장해가 남을 확률이 젊어서보다는 매우 높으므로 후유장해 보상금에 관해서도 보상받을 수 있도록 준비해야 한다.

4) 유병력자도 가입이 가능하다.

이미 질병을 앓았거나 알고 있는 유병력자도 가입이 가능하므로 체크가 필요하다. 운전을 하지 않더라도 가입이 가능하다. 가입 나이와 보장 금액이 연동되므로 보상전문 FC와 상담을 통해 맞춤 컨설팅을 받아보기 바란다.

내 보험 100% 활용하기

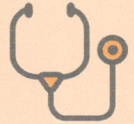

chapter 6

26 사건사고의 손해 배상 책임은?

> 배상책임이란 위법한 행위에 의해 타인에게 끼친 손해를 손해가 없었던 것과 동일한 상태로 복귀시킬 책임이다.

 살다 보면 누구나 실수는 하게 마련이며 스스로 책임질 수 있다면 큰 문제가 되지는 않지만 만약 스스로 책임질 수 있는 범위가 넘어선 배상책임이라면 심각한 문제이다. 그래서 가해자가 되어 타인에게 인명, 재산상의 피해를 입힘으로서 발생한 법률상 배상책임에 따른 경제적 손해를 보상받기 위해서 다양한 배상책임보험을 가입하고 있고 특히 일상생활배상책임 보험을 들어놓고 있다.

 일상생활배상책임 보험은 피보험자(가해자)가 주거용으로 사용하고 보험 증권에 기재된 주택의 소유, 사용, 관리 중 발생한 배상책임과 피보험자(가해자)의 일상생활 중에 발생한 우연한 사고에 대한 배상책임을 보상하는 보험 상품이며 독립된 상품이 아니라 손해보험사의 보험 상품에 특약 형태로 판매되고 있다.

 일상생활배상책임 보험으로 보상받을 수 있는 경우가 상당히 많기 때문에 예상하지 않은 사고가 발생되었다면 발생 즉시 담당 FC에게 보상이 가능한지 문의해보는 것이 좋다.

 보상이 가능한 것들 중에는 운동이나 길거리를 걷던 중 타인과 부딪혀서 타인이 넘어져 손목이나 발목 골절이 왔을 때 또는 타인의 손에 있던 휴대폰이 낙하하고 파손되었을 경우, 키우는 애완동물이 타인을 물어 상해를 입혔을 경우, 부부가 함께 쇼핑하던 중 배우자가 상점의 물건을 가방 등으로 건드려 낙하 파손되었을 때, 아파트 바닥에 누수가 생겨 아랫집에서 보상을 요구했을 때, 창문을 청소하던 중 실수로 방충망이 떨어져 아래 주차된 차를 손상시켰을 경우 등 매우 다양하다. 그러므로 사고 발생 시 가해자 입장이든 피해자 입장이든 밑져야 본전이라는 생각으로 보상이 가능한지 꼭 확인하여야 한다. 가해자 입장이어서 일상생활배상책임보험으로 보상이 가능할 수도 있고 반대로 피해자 입장이라면 손해배상에 관하여 가해 상대방에게 일상생활배상보험에서의 보상 가능성을 알려주어 보험금을 청구하면 원활한 합의로 얼굴 붉히는 일을 사전에 막을 수 있다.

27 일상생활 배상책임보험의 O·X 퀴즈

일상배상책임보험의 내용 중 알아두면 좋을 내용

1) 가족 중 한사람만 가입해도 모두 보장받을 수 있다. (×)

보험은 사고 발생 시에 보상을 해주는 상품이다. 그래서 사고 당사자가 누구인가에 따라서 보험회사가 보상해주는 책임의 범위가 달라질 수 있다.

피보험자란 사고 당사자에 해당되는 보험 상품의 용어이며 일상생활배상책임보험도 피보험자의 범위에 따라서 보험 상품이 보상해주는 범위가 다르다.

손해보험의 특약 형태로 부가되는 일상생활배상책임보험은 통상 세 가지로 분류되며 각각 피보험자의 범위가 다르다.

따라서 함께 거주하는 가족이라도 각각 약관이 정하는 피보험자가 아닌 경우 보험금 지급대상이 아닐 수 있으며 해당 약관을 정확히 확인해야하며 세 가지 분류의 피보험자의 범위를 보면 다음과 같다.

특약형태별 피보험자 구분

일상생활 배상 책임보험	1. 보험증권에 기재된 피보험자 본인
	2. 다음 중 보험증권에 기재된 가족
	· 피보험자 본인의 가족관계등록부 또는 주민등록상 배우자
	· 피보험자 본인 또는 배우자의 부모
	· 피보험자 본인 또는 배우자의 자녀
	배상책임보험 1. 보험증권에 기재된 피보험자 본인 및 동거하는 배우자
가족일상 생활 배상 책임보험	1. 보험증권에 기재된 피보험자 본인
	2. 1.의 가족관계등록부 또는 주민등록상 배우자
	3. 1. 또는 2. 와 생계를 같이 하고, 보험증권에 기재된 주택의 주민등록상 동거중인 동거친족(민법 제777조)
	4. 1. 또는 2와 생계를 같이하는 별거중인 미혼자녀
자녀일상 생활 배상 책임보험	1. 보험증권에 기재된 피보험자 본인의 자녀

특히 자녀일상생활배상책임보험의 경우에는 보험 증권에 기재된 피보험자의 자녀의 연령, 결혼 여부 등을 추가적으로 제한하는지 여부도 확인해야 한다.

2) 일상생활 중에 모든 배상책임을 보장받는다. (×)

일상생활배상책임 보험은 피보험자(가해자)가 주거용으로 사용하고 보험 증권에 기재된 주택의 소유, 사용, 관리 중 발생한 배상책임과 피보험자(가해자)의 일상생활 중에 발생한 우연한 사고에 대한 배상책임을 보상하며 특히 보상대상도 다양하다.

그러나 해당 약관에서 보상하지 않는 손해를 정의하고 있고 이것에 해당되는 보험사고는 배상책임이 발생하더라도 보험금을 지급받지 못할 수 있다.

따라서 일상생활 중에 배상책임사고가 발생되면 먼저 본인이 가입한 손해보험에 일상생활배상책임보험이 특약으로 가입되어 있는가를 확인하고 특약으로 부가되어 있다면 약관에 보장받을 수 있는 사고인지를 확인하여야 한다. 약관의 내용과 사고 발생 내용의 구체적인 사실관계가 정확하지 않다면 전문가의 도움을 요청하는 것도 현명한 방법이다.

다음은 대표적인 일상생활배상책임보험에서 보상하지 않는 경우이며 각 보험 상품 마다 보상하지 않는 내용이 상이 할 수 있으므로 각자 가입한 보험의 약관을 자세히 살펴보기 바란다.

① 계약자나 피보험자가 고의로 손해를 입혔을 때
② 전쟁이나 외국의 무력, 혁명, 내란, 사변, 폭동 등에 의한 재산상 피해
③ 천재지변에 대한 피해
④ 방사선과 방사능 오염으로 인한 피해
⑤ 보험 증권에 기재된 주택을 제외한 피보험자의 부동산과 주택
⑥ 피용인이 피보험자의 업무에 종사 중에 입은 신체의 장해로 인한 피해
⑦ 피보험자 친족에 대한 배상 책임 피해
⑧ 피보험자의 심신상실로 인한 피해
⑨ 누군가를 구타하거나 구타 지시로 인한 폭력행위와 이로 인해 피해를 받은 타인에 대한 보상
⑩ 항공기나 선박, 차량에 대한 피해 보상
⑪ 총기의 소유, 사용, 관리로 인한 배상 책임
⑫ 주택을 수리, 개조, 철거를 함에 있어서 생긴 손해

3) 보험가입 후 변동사항은 보험회사에 알려야 한다. (ㅇ)

보험 가입하였을 당시에 청약서의 기재사항이 변경되거나 위험이 뚜렷이 증가하는 경우, 보험회사에 기 사실을 서면으로 알려야하며 보험회사에 알리지 않는 경우 보상이 삭감 또는 제한되거나 계약이 해지될 수 있다. 특히 일상생활배상책임보험 특약의 경우 보험가입 당시 거주하고 있다가 다른 곳

으로 이사를 한 경우에는 보험회사에 그 내용을 알려야 보상이 가능하다.

4) 2개 이상 가입해도 실비용만 보상받는다. (o)

일상생활에 발생하는 배상책임 위험을 담보하는 특약을 2개 이상 가입하였다면 중복하여 보상받지 못한다.

실손의료보험, 운전자보험의 실손형 특약과 마찬가지로 보험료는 2배 이상으로 납부하고 있지만 사고가 발생하여 받는 보험금은 실제 발생한 비용만 보상받게 된다. 즉 한 사고에 보상하는 보험금이 100이라면 각각의 보험회사가 50:50 등으로 비례보상 받게 된다.

따라서 보험료가 적다고 하더라도 중복하여 계약하지 않도록 주의해야 한다.

28 과로성 질병 산재 신청 요령

일반 산재사고에 비해 과로성 산재사고 발생 시에 산재신청의 준비요령을 미리 알아 두는 것이 중요하다.

회사에서 작업 중에 추락과 같은 사고는 주변 동료의 간단한 목격자 진술만으로도 산재사고로 인정받기 쉽고 재해발생 당일 바로 산재 신청해도 무방하다.

그리고 개인이 가입해 놓은 보험과 회사에서 가입해 놓은 단체보험이 있다면 추가적으로 보상이 가능하다.

그러나 회사 업무로 인한 과로성 산재사고는 재해 발생 경위도 중요하지만 그것보다 더 중요한 것은 산재 사고 당사자의 업무상 과로 및 정신적 스트레스가 업무와 기인한다는 것을 충분히 입증하는 것이 산재 신청의 열쇠이다.

그래서 재해발생경위 및 기존질환의 관련여부, 작업환경 요인 및 업무분석 그리고 업무상 과로 및 스트레스 요인, 사고 당사자의 질병에 대한 의학적인 자료 분석 등 객관적이고 전문적인 입증 자료를 수집하고 분석, 분류하여 대비하는 것이 중요하다.

산재사고 중에 과로성 산재사고가 근로복지공단에서 인정받기가 쉽지 않으며 노무사 등의 전문가들은 인정 여부를 20~30% 정도로 보고 있기 때문에 과로성 산재사고 발생 시에 산재신청의 준비요령을 미리 알아두는 것도 중요하다.

1) 사고 당사자(산재신청대상자)의 과로성 산재 사고 전 가지고 있었던 과거 질병내역(기왕증)에 대하여 꼼꼼히 알아둔다.
2) 과로성 산재사고 발생 경위를 철저하게 조사한다.
3) 과로성 산재사고 발생 직전 사고 당사자의 과로 및 스트레스 요인을 집중 분석한다.
4) 산재사고 발생 후 첫 방문 병원의 유리한 의사 소견을 확보한다.
5) 과로성 산재사고의 인정사례와 법원 판례 등 유리한 입증 자료와 증인을 확보한다.
6) 요양신청(유족보상신청)이유서 작성이 중요하므로 전문가의 도움을 받을수록 인정받을 확률이 높아진다.
7) 요양신청(유족보상신청)이유서 제출 후 근로복지공단 조사에 철저히 대비한다.

특히 과로성 질병 산재사고 발생시 사전 준비가 근로복지공단에 요양신청이 승인받을 수 있는 열쇠임을 기억해야 한다.

29 이렇게 하면 과로성 산재사고 신청 시 근로복지공단에서 불승인된다.

과로사, 과로성 질병, 업무상 질병이라는 산재사고는 아직 생소하다.

직장 일 때문에 과로하고 이 때문에 생기는 과로성 산재사고는 추락이나 기계작동과 관련된 일반적인 산재사고처럼 쉽게 접할 수 있는 경우가 아니기 때문에 해당 산재사고의 질병에 대한 산재인정기준 및 처리과정을 정확히 알고 있는 사람이 드물다.

직장에서 업무수행 중에 뇌혈관 질환 및 심혈관 질환으로 쓰러지면 일하던 중에 일어난 일이라고 당연히 산재신청과 동시에 인정받을 것이라고 판단하여 아무런 사전 준비 없이 산재 신청서를 접수하는 경우와 퇴근 후 또는 휴일에 집에서 쓰러졌다는 이유만으로 가족들이 아예 과로성 산재사고로 인식을 못하여 산재신청 자체를 모르는 안타까운 경우가 있다.

특히 산재보험에 대해 잘못알고 있는 비전문가들의 조언과 상식 때문에 안타까운 일들이 벌어진다.

첫 번째, 과로성 산재사고는 회사의 총무부나 인사담당자, 치료병원의 원무과 직원들의 조언을 전적으로 믿으면 안 된다. 이들은 과로성 산재사고의 업무상 질병의 인정기준 및 입증정도, 입증방식 등에 전문지식이 없기 때문에 일반 산재사고처럼 산재신청서에 의사의 진단서와 목격자 진술 등으로 근로복지공단에 접수하면 된다고 정확하지 않은 정보를 주기 쉽기 때문이다.

두 번째, 산재사고는 반드시 사고당사자들에게 유리한 방향으로 근로복지공단의 조사가 이루어지지 않을 수 있다. 그래서 사전에 산재사고 당사자나 가족이 유리한 증거자료와 법률주장을 제출하지 못하면 근로복지공단 심사자의 일방적인 조사에 끌려 다닐 수밖에 없다. 그래서 요양신청(유족보상신청)이유서 제출 전 사전 준비가 중요하다.

세 번째, 산재사고당사자가 근무하는 사업주의 비협조로 인하여 불승인될 수 있다.

왜냐하면 아직도 산재사고에 대한 사업주들의 부정적인 시각이 존재하기 때문이고 과로성 질병 산재사고의 경우 회사 관계자들의 증언과 관련 문서 제출이 중요하다. 그런데 회사 내 안전사고와 같이 사업주가 향후 안전보건법상 형사처벌 받거나 민사상 손해배상 문제가 발생될 것이라는 잘못된 지식 때문이다. 그러나 과로성 질병이 원인인 산재사고는 법률적, 경제적 피해가 회사에 없다는 사실을 설득하여 회사의 적극적 협조를 받아야 한다.

네 번째, 지나치게 주치의사의 판단에 의존할 경우 낭패를 볼 수도 있다.

가장에게 사고가 나고 집안에서 살림만 했던 주부들에게 이런 상황이 된다면 더욱이 산재사고 지식이 전무한 가족들은 치료의사의 말에 귀 기울이게 된다. 주치의사 말 한마디인 "산재 가능성이 없다." "기존의 질병이 있어서 안 된다." "선천성 기형이 있어서 안 된다"는 말을 듣고 아예 산재 신청을 포기하는 경우도 있다. 그러나 사고 당사자가 기존에 고혈압이라는 기존질병에 선천적인 뇌동맥류가 있어서 뇌출혈을 촉발시킨 요인이 급격한 작업환경의 변환 등에 기인하였고 업무 수행 중 발생하였다면 업무상 질병으로 근로복지공단에서 과로성 질병 산재사고로 인정한 사례나 판정판례가 많다. 그러므로 산재사고는 산재전문가와 상담하는 것이 바람직하다.

30 이렇게 하면 과로성 질병 산재사고 신청 시 근로복지공단에서 승인받을 확률이 높다.

산재사고 당사자나 가족들이 많이 알아야 이길 수 있다.

과로성 질병 산재사고의 경우는 업무와 질병의 인정 기준이 복잡하고 의학적으로나 법률적으로나 전문지식이 필요할 때가 많고 또한 아직 사회적 인식도 많이 미흡하다보니 약자인 산재사고당사자나 가족이 고통 받는 경우가 너무 많다. 그래서 가족 대표 중에 누군가가 산재사고 해당분야에 정확한 정보와 기본적인 지식을 습득하는 것이 필요하다.

첫 번째, 산재사고 당사자가 다니는 회사와의 관계를 적극적으로 도움을 받을 수 있게 해 놓아야 한다. 과로성 질병 산재사고는 기존 질병을 가지고 있던 없던 간에 사고 당사자의 업무 기인성이 중요하므로 사고 발생 전부터 시작하여 과거로 3개월간의 업무수행 내용 및 작업환경, 근로형태 그리고 근로시간 등이 중요하고 이에 대한 조사가 반드시 필요하기에 사업주 및 회사의 적극적인 협조가 꼭 필요하다.

두 번째, 요양신청(유족보상신청)이유서 작성에 최선을 다하여야 한다. 아무리 회사의 협조 하에 조사활동을 열심히 했다고 해도 이를 잘 정리하고 신청서에 적극적으로 요양신청 이유를 기술하지 못하면 근로복지공단에서 관련 사실을 확인하지 않고 넘어갈 수 있기 때문에 유리한 주장은 전문성을 가지고 정확하게 꼼꼼히 기술하여 주장해야 한다.

세 번째, 신뢰할 수 있는 전문가를 찾아서 의논해야 한다. 해당 분야의 전문가는 괜히 전문가가 아니다. 그들은 일반인이 보지 못하는 사소한 사유로도 유리하게끔 사건을 이길 수도 있기에 꼭 전문가와 상담을 해 볼 필요가 있다.

마지막으로 포기하지 말고 끝까지 최선을 다해야 한다.

과로성 질병 산재사고는 근로복지공단에서 승인받는 것 자체가 결코 쉽지 않기에 불승인이 결정되더라도 행정소송이라는 한 번의 기회가 더 있으므로 포기하지 말아야 한다.

왜냐하면 근로복지공단에서 불승인되고 행정소송에서 승소하는 경우도 주변에 의외로 많기 때문이다.

솔로몬 왕의 의료 실비보험

살면서 무병장수는 누구나 원하는 꿈일 것이다. 그러나 아프거나 다쳐서 병원에서 치료 시 환자 본인이 부담한 실제 병원 치료비를 실비(실제 쓴 비용)로 보장해 주는 보험이다.

의료 실비보험 주요 보장 내용
· 아파도, 다쳐도: 의료비 100세까지 보장
· 질병+상해로 입원 시: 5천만원 한도 입원 의료비 보장, 90% 보장
· 질병,상해로 통원 치료시: 통원의료비 30만원 보장
  (외래25만원+약제비5만원한도)MRI, CT, 초음파, 내시경, 특진료 등 고가 검사비: 국민건강보험 비급여 대상
· 한방, 치과치료, 치질까지 보장 확대: 급여 중 본인부담금

※가입 시기와 상품에 따라 다를 수 있으므로 약관을 참조하고 담당 FC에게 반드시 확인해야 한다.

1) 가입 시기와 상품에 따라 실제 의료비 100%(2009년 8월 이전 계약 분까지)를 보장해주는 상품과 본인부담금 10%, 20%가 있으므로 체크하기 바란다.
2) 병원 치료 시 영수증 항목을 보면 보험급여항목과 비급여 항목으로 나뉘어 있는데 보상 받을 때는 두 가지 금액을 합산한 금액에 대해서 받는다.
3) 실제 청구 시 보상이 되지 않고 제외되는 부분이 간혹 있는데 의사가 치료 상의 목적으로 처방 및 검사한 항목에 대해서는 모두 보상을 받을 수 있으니 꼼꼼히 살펴보기 바란다.

내 보험 100% 활용하기

chapter 7

31 사랑하는 가족을 남겨두고 떠난 망자의 진정한 뜻은?

떠나가는 망자가 남아있는 사랑하는 가족에게 남긴 유산이 있다면 존중해서 지켜야 하지 않을까?

유교적 문화가 많이 남아있는 우리나라에서 문화적으로 금기시되거나 이야기조차 하지 않는 것들이 많은데 그중에 하나가 자살이나 부검과 같은 망자에 대한 이야기가 아닐까 한다.

하지만 사망하기 전에 본인의 사랑하는 가족을 위하여 힘들게 번 돈으로 남겨놓은 보험금이라면 돈의 가치 이외의 가족을 사랑하는 마음도 함께 있는 것이다. 즉 내가 죽어서 받을 이 보험금으로 사랑하는 내 가족이 건강하게 잘 살기 바라는 뜻도 함께 있는 것이 사망보험금일 것이다.

그런 의미에서 보면 사랑하는 사람이 남긴 사망보험금을 제대로 받는 것도 망자의 뜻을 기리는 일이다. 하지만 우리는 자살했거나 정신과 치료를 받은 사실 등을 언급하거나 사인미상으로 부검을 하는 일들을 극도로 거부한다. 그러나 심신상실 상태에서 자기 자신을 해치거나 운동 중 발생한 급성심근경색처럼 망자의 뜻을 놓치는 경우가 의외로 많다.

중도 이상의 우울증을 앓고 병원에 입원 치료까지 하다가 목을 매어 자살하였다 하더라도 경찰의 사망사고 조사에서는 외부의 침입흔적이 없고 스스로 자살한 것으로 단순 추정할 수도 있지만 보험의 약관에서는 심신상실 상태에 자기 자신을 해친 게 되면 자살이 아닌 사망으로 볼 수도 있다.

이때는 일반 사망보험금과 재해사망보험금까지 지급 받을 수 있다. 이 심신상실 상태는 법원에서 유가족의 진술인 심증보다는 변사사실확인원, 내사종결보고서 같은 경찰의 보고서 내용으로 판단하므로 경찰조사 시 유가족의 진술이 중요하다. 그러므로 사랑하는 사람의 죽음으로 정신이 많이 혼란하겠지만 "~~일 것이다.", "죽기 전에 ~~였을 것 같다" 등 느낌만으로 진술하는 것은 지양해야 한다.

누구나 살면서 자조섞인 말로 죽고 싶다는 말을 지나가는 말로 할 수 있다. "일이 많아 죽고 싶다.

헤어진 연인이 보고 싶어 죽고 싶다. 돈이 없어 죽고 싶다." 이 말이 정말 자살하고 싶다는 말로 해석해야 하나? 우리는 아니지만 경찰 조서에 쓰여 있으면 자살로 보는 결정적 증거가 되고 이것으로 인해 보험금은 자살로 면책된다.

이처럼 사실에 근거하지 않은 가족의 추측성 진술은 신중히 해야 하며, 반대로 정신과 치료 경력이나 환청, 환영이 보인다 등 망자를 욕되게 한다는 이유로 진술하지 않는 것은 유가족의 보험금 청구에 보험 회사가 면책 결정을 할 수 있는 중요한 역할을 할 수 있다. 또한 심근경색의 의증과 확증은 보험금 청구 시 결과가 달라질 수 있다.

등산 중 쓰러져 온 환자의 정확한 사망 원인은 부검하면 찾을 수도 있다. 그러나 망자를 두 번 죽인다는 문화적 이유로 부검을 원치 않는 경우도 많다.

부검으로 급성심근경색으로 진단 확정되면 급성심근경색 진단비와 사망보험금 두 가지 다 받을 수 있다.

망자를 두 번 죽이지 않는 것이 망자의 진정한 뜻일까 아니면 생전에 사랑하는 가족을 위하여 준비한 것을 제대로 받아 망자가 원하는 대로 가족들이 행복하게 사는 것이 진정한 뜻일까? 우리는 살아생전에 사랑하는 가족을 위한 망자의 마음을 받들기 위하여 최선을 다해야 한다.

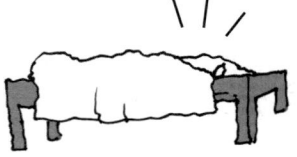

32 국민건강보험공단에 보험료를 납입하고 병원에 다니면서 낸 병원비(본인부담금액)를 돌려받는다.

매년 1월 1일부터 12월 31까지 병원에서 치료를 받고 그 치료가 국민건강보험에 적용이 된다면 본인부담상환액 초과 치료비는 환급받을 수 있다.

본인부담상한제는 고액, 중증질환자의 경우 본인 부담으로 인한 과도한 가계 부담을 해소하기 위해 마련한 것으로 건강보험이 적용되는 의료비 중 진료받는 사람이 치료 병원에 납부한 병원비로 부담한(매년 1. 1 ~ 12. 31). 의료비(비급여 제외)가 일정 기준(소득 수준별 120 ~ 500만원)을 넘는 경우, 그 넘는 병원 치료비로 부담한 전액을 진료를 받는 사람에게 돌려주는 제도이다. 본인부담상한제의 환급은 사전급여와 사후급여로 나누어지며

사전급여는 동일한 요양기관(병원)에서 연간 입원 본인부담액이 500만원을 초과할 경우 요양기관이 초과금액을 환자에게 받지 않고 공단에 청구하여 지급 받으며 사후급여는 여러 요양기관(병원)을 이용한 환자에게 공단에서 입원 본인 부담액을 합산하여(약국 포함) 개인별 상한액 기준보험료를 초과하는 금액을 직접 환급하여 주는 것을 말한다.

사례) 건강보험 가입자가 2014년 1월 1일 ~ 12월 31일까지 여러 병원에서 본인부담액 2,000만원 (A병원: 1,200만원, B병원: 800만원)을 부담하고 가입자의 보험료 수준이 하위 10%에 해당되는 경우 2,000만원(본인부담금) - 120만원(본인부담상한액) = 1,880만원(사후 환급금)

본인부담상한핵 기준

소득 수준		1분위	2~3분위	4~5분위	6~7분위	8분위	9분위	10분위
본인 부담 상한액	3단계	200만원			300만원		400만원	
	7단계	120만원	150만원	200만원	250만원	300만원	400만원	500만원

※적용기간(3단계:2009.1.1 ~ 2013.12.31), (7단계:2014.1.1 부터)
※국민건강보험공단 전화번호. 1577-1000

건강보험공단 홈페이지(www.nhic.or.kr) → 사이버민원실 → 민원신청 → 상한제 사후환급금

국민건강보험공단의 본인부담상한액제 사후환급

금 신청서 수령 후 인적사항 게재 → 국민건강보험 공단지사에 우편으로 접수하면 되며 이때 가족 중에 실제 병원비를 누가 병원 측에 지불했는지는 중요하지 않고 병원에서 치료 받은 가족이 누구의 피부양자로 등록되어 있느냐에 따라 환급받는 사람이 다를 수 있다.

예를 들면 부모님이 큰아들의 밑에 피부양자로 등록되어있고 병원 입원치료를 받고 있는데 병원비는 여유가 있는 작은 아들이 납부하였고 그 병원비가 본인부담상환액을 넘어서 환급된다면 그 환급액은 실제 병원비를 납부한 작은 아들이 아니고 부모님을 피부양자로 건강보험료를 납부한 큰아들에게 환급이 된다.

국민 전체에게 골고루 혜택이 가지만 특히 중산층과 저소득의 어려운 분들에게 많은 도움이 되고 있다.

33 종신 부담보 계약 이라도 추가적인 진단 (단순 건강검진 제외) 또는 치료 사실이 없이 5년 지나면 보장받을 수 있다.

부담보 기간

부담보(특별조건부 인수특약)기간이란 보험사에서 표준미달체의 보험계약 시 질병이나 장해 등으로 인하여 가입이 제한되는 피보험자의 계약을 조건부로 승낙하는 경우 혹은 도덕적 해이 등에 의한 보험사기가 우려되는 경우 계약일로부터 일정기간 이내에 발생되는 보험사고에 대하여는 보상하지 않는 것을 말한다. 이는 일반적으로 보험계약 청약시 피보험자가 병력에 대해 보험회사에 고지하고, 보험회사에서는 해당 질병 및 부위에 대해 보장을 하지 않는 것으로 계약을 인수할 때 발생한다. 부담보기간은 피보험자의 과거 병력, 치료기간, 치료부위 등에 따라 상이하며 경우에 따라서는 보험기간 전기간에 걸쳐 부담보하는 조건으로 인수를 하기도 한다. 암보험에서 계약체결 이후 90일간 암 담보를 하지 않는 것은 대표적인 부담보 사례라 할 수 있다.

부담보기간 (금융감독용어사전, 2011. 2, 금융감독원)

부담보 면책의 제외

특정 부위에 발생한 질병의 합병증으로 인하여 특정부위 이외의 부위에 발생한 질병으로 주계약에서 정한 보험금의 지급사유가 발생한 경우(다만, 전이는 합병증으로 보지 아니합니다.)

특정 부위에 발생한 질병의 합병증으로 인하여 특정부위 이외의 부위에 발생한 질병으로 주계약에서 정한 보험금의 지급사유 또는 보험료 납입면제 사유가 발생한 경우

재해로 인하여 주계약에서 정한 보험금의 지급사유 또는 보험료 납입면제 사유가 발생한 경우

보험계약 청약일 이후 5년이 지나는 동안 지정한 질병으로 인하여 추가적인 진단(단순 건강검진 제외) 또는 치료 사실이 없고, 청약일로부터 5년이 지난 이후 지정한 질병으로 주계약에서 정한 보험금의 지급사유 또는 보험료 납입면제 사유가 발생한 경우

약관에 없어도 계약자간 형평성 맞춰야

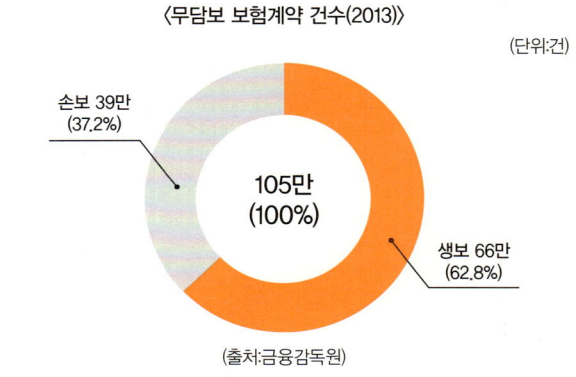

부담보(특정보장인수제한 특약) 가입자 간의 형평성 문제로 분쟁이 많이 발생하자 금융감독원이 조치에 나섰다. 금감원 분쟁조정국 관계자는 "부담보 면책조항과 고지의무에 관한 내용을 몰라 보험금을 못 받았다는 소비자들의 민원이 많이 들어온다"며 또 과거의 부담보 계약 중에는 청약일 이후 5년간 부담보 부위·질병으로 확진을 받지 않으면 보험금을 주도록 하는 내용이 약관에 없어 분쟁으로 이어지고 있으나 특히 약관에 없어도 청약일 이후 5년간 부담보 부위나 질병으로 확진·치료를 받지 않으면 보험금을 주도록 했다.

내 보험 100% 활용하기

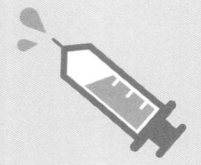

부 록

형사합의서

20　년　월　일　시　분경 발생한 자동차사고에 대하여 가해자와 피해자는 아래와 같이 합의한다.

1. 사고내용

사고일시		사고장소	
가 해 자		사고(가해)차량	
피 해 자		주민번호	

2. 합의내용

합의금액	金　　　　　　　원 (\　　　　　　　)	
합의내용		1. 가해자는 피해자에게 위 사건 사고차량이 가입한 자동차보험의 보상과 별도의 위로금조로 위 금액을 지불하고, 상호 원만히 합의한다. 2. 피해자는 가해자의 처벌을 원하지 않으며, 차후 본 건 사고에 대하여 고소·고발 등 형사상 일체의 이의를 제기하지 아니한다. 3. 위 형사합의금(위로금)이 사고(가해)차량에 가입한 자동차보험(공제포함)의 보상에서 일부라도 공제될 경우, 그에 대하여 가해자가 보험회사(공제조합포함)에 갖게 되는 부당이득반환청구권(보험금 청구권)은 피해자에게 양도한다. 또한 가해자는 그 사실(부당이득청구권을 피해자에게 양도한다는 사실)을 사고차량의 보험회사(공제조합포함)에 내용증명에 의해 통보하며, 이 합의 후 설혹 가해자가 보험회사에 가지는 부당이득반환청구권을 포기하더라도 그 채권포기는 무효이며, 만일 채권포기가 성립될 경우 가해자는 피해자에게 그 해당 금원을 다시 지급한다. (가해자가 보험회사에 채권 양도의 통지를 하지 않거나, 부당이득반환청구 포기가 성립 될 경우 가해자가 피해자에게 그 해당 금원을 다시 지급하지 않으면 본 합의는 무효로 한다.) 4. 본 합의서는 위 내용을 확실히 하고 후일의 증거로 사용하기 위해 3부를 작성하고 1부는 수사기관 또는 법원에 제출하고 나머지 2부는 가해자와 피해자가 각각 1부씩 보관한다.	

20　년　월　일

	가 해 자(또는 가해자의 대리인)		피 해 자(또는 피해자의 대리인)	
성　명		(印)		(印)
주　소				
주민번호				

채권양도통지서

양도인겸(통지인) : ○ ○ ○ (-   )
　　　　　　서울시

수　신　인 : ○ ○ ○ (-   )
　　　　　　서울시

통지인은 자신이 귀하로부터 가지는 금　　　원의 청구채권을 ○○○○에게 양도하였습니다. 이를 민법 제 450조에 의거하여 귀하에게 통지하여 드리오니, 귀하께서는 위 금원을 ○○○○에게 지급하여 주시기 바랍니다.

첨 부 : 채권양도양수계약서 1부

2014.　.　.

양도인겸 통지인　○ ○ ○ (인)

보험회사 call center

삼성생명	동부생명	LIG손해보험	한화생명
1588-3114	1588-3131	1544-0114	1588-6363
알리안츠생명	ACE생명	동부화재	흥국생명
1588-6500	1599-4600	1588-0100	1588-2288
교보생명	하나HSBC생명	롯데손해보험	현대라이프
1588-1001	080-3488-7000	1588-3344	1577-3311
신한생명	IBK연금보험	AXA다이렉트	KDB생명
1588-5580	1577-4117	1566-1566	1588-4040
메트라이프생명	더케이손해보험	하이카다이렉트	우리아비바
1588-9600	1566-3000	1577-1001	1588-4770
동양생명	차티스	NH농협손해	KB생명
1577-1004	AIG1544-2792	1644-9000	1588-9922
BNP파리바카디프생명	에이스화재	메리츠화재	미래에셋생명(SK)
1688-1118	1566-5800	1566-7711	1588-0220
MG손해보험	한화손해보험	라이나생명	BNP파리바카디프화재
1588-5959	1566-8000	1588-0058	1544-2580
PCA생명	AIA생명	푸르덴셜생명	ING생명
1588-4300	1588-9898	1588-3374	1588-5005
흥국화재	NH농협생명	삼성화재	현대해상
1688-1688	1544-4000	1588-5114	1588-5656

보험금 청구 서류

• 생명보험은 원본이 필요하고, 실손 보험은 사본만으로 충분하여 팩스/핸드폰 활용 가능

구분	서 류	발급기관
공통 서류	보험금 청구서 (인터넷 청구 시 불 필요)	각 보험 회사
	보험금 청구인(보험금 수익자) 신분증 사본, 통장사본	
	개인신용정보 처리동의서	
추가 서류	가족관계 확인 서류(자녀의 보장성 보험 및 수익자가상속인 및 계약자와 다른 가족 등) – 가족관계증명서 등	해당 관청
해당관청 대리인 신청	위임장, 보험금 청구인 인감증명	보험금 청구인
후유장해	후유장해진단서	병원
	일반 진단서 대체 가능 장해– 절단장해, 인공관절치환, 혈액투석, 척추고정술, 신장이식 등	
각종 진단비	진단서	병원
	진단확인서류– (암:조직검사결과지 , 뇌혈관,심장질환: CT, MRI, 심전도 등)	
수술비	진단서 ,수술확인서 (진단명,수술명, 수술일자 등 포함서류)	병원
입원비	진단서(단,50만원 이하 입퇴원확인서에 진단명 및 입원기간 포함 시 갈음)	병원
	입원확인서(실손의료비 경우 진료비계산서 및 진료비세부내역 추가)	
통원의료비	진단서, 통원확인서(진단명, 통원일자 및 기간 포함)	
	단,3 만원이하는 진료비 영수증으로 갈음 가능 할 수 있음	
사망시	사망진단서	병원
	수익자 미지정 및 법정상속 시 추가서류	
	사망시 – 상속관계 확인 서류(가족관계증명원 등)	해당 관청
	사망시 – 각 상속인 위임장, 인감증명서	각 상속인

그 밖에 필요한 서류는 해당 보험회사에 문의 바람.

보험가입 내역 확인 방법

　생명보험협회 홈페이지(www.klia.or.kr) 또는 손해보험협회 홈페이지(www.knia.or.kr)를 통해 자신이 가입한 모든 보험을 조회할 수 있고, 휴대폰 인증으로도 가입 여부를 조회할 수 있다.

　(생명보험협회: 소비자 ⇒ 보험가입조회 ⇒ 보험가입 조회 안내), (손해보험협회 : 조회 서비스 ⇒ 인터넷 보험가입내역조회)

　2014년 12월부터 생명보험협회나 손해보험협회 어느 한 곳에서만 조회를 신청해도 가입 내역을 모두 조회할 수 있다. 다만 새마을금고, 신협, 우체국보험은 포함되지 않기 때문에 이곳 보험에 가입한 고객은 별도로 확인해야 한다.

　또 기존에는 조회를 할 때 본인 인증 수단으로 공인인증서만 가능했는데, 2014년 12월 중순부터 본인 명의의 휴대폰 인증으로도 보험가입 조회가 가능하다.

- 보험금 청구 및 보상전문 FC 상담 요청
  gsc119@naver.com

- 책 주문 및 광고 상담
  foryourlife@nate.com

MEMO

MEMO